La fuerza del relato

Cómo se construyen los discursos ideológicos con los que nos quieren gobernar

Luis María

La fuerza del relato

Cómo se construyen los discursos ideológicos con los que nos quieren gobernar

SEKOTIA

Primera edición: abril de 2024

Sekotia • Reflejos de Actualidad

Editor: Humberto Pérez-Tomé Román
Maquetación: Fernando de Miguel Fueyo

Síguenos en @AlmuzaraLibros
www.sekotia.com
@Sekotia

Imprime: Gráficas La Paz
ISBN: 978-84-19979-18-6
Depósito Legal: CO-494-2024
Hecho e impreso en España - Made and printed in Spain

Editorial Almuzara
Parque Logístico de Córdoba. Ctra. Palma del Río, km 4
C/8, Nave L2, nº 3. 14005 - Córdoba

«Las mejores historias solo les ocurren
a aquellos que son capaces de contarlas».

Paul Auster

ÍNDICE

Prólogo
CONTROLAR EL RELATO

El poder del relato, su fuerza, no es en absoluto una novedad. Los formatos para su difusión han sido diversos a lo largo de la historia, pero lo importante no era eso: lo era su control. Lo es, siempre lo ha sido. De los cantares de gesta medievales, narrando las hazañas que llegarían a nuestros días, a las fábulas del s. XVIII, representando valores morales e impartiendo enseñanzas; de los cantos litúrgicos y la imaginería religiosa, para instrucción del pueblo e influencia emocional, al cine en la república de Weimar, con su oscura narrativa social y su potencial propagandístico. «Quien controla el presente», decía Orwell, «controla el pasado y, quien controla el pasado, controlará el futuro». Formular y reformular ese pasado, el relato histórico, es la manera de ponerlo al servicio de los intereses del presente para tratar de afianzar el futuro. Y a eso han aspirado siempre todos los poderes. No es de extrañar pues que, en la era de la hiperconectividad y la sobreinformación, cuando todos somos susceptibles de ser tanto receptores como emisores de mensajes gracias a las nuevas tecnologías, el afán por controlar el relato se viera exacerbado. No se trata de una herramienta nueva, pero sí de una renovada. Porque lo que sí ha cambiado, mucho y muy rápido, es el paradigma de la comunicación. Esa es la clave para entender su dimensión hoy. Y ahí radica el valor de este libro: es un análisis preciso sobre el estado actual de ese fenómeno, sus particulares características y sus consecuencias.

Entender el funcionamiento de ese artefacto, de esa aspiración universal de los poderes (tanto económicos como políticos, religiosos o sociales, militares, académicos, mediáticos), es fundamental para proteger el pensamiento crítico y el respeto por la verdad. Para no dejarnos arrastrar por la corriente hegemónica del momento, para escapar del adiestramiento intelectual quedo que amenaza a nuestras sociedades modernas. Este libro, más que un ensayo, es un manual de supervivencia. Y como tal debe ser leído: como si Luis María, a modo de concienzudo entomólogo, hubiese diseccionado ante nosotros al monstruo que nos acecha para que podamos salir ahí afuera y, sabiendo ya todo sobre su naturaleza y su *modus operandi*, enfrentarnos a él.

Dice Ferrández que «triunfa el que cuenta la mejor historia y vence quien maneja mejor el relato», en una alteración de los factores de aquella otra afirmación que sostiene que «la historia la cuentan los vencedores». ¿Es el control del relato, entonces, quien decide al vencedor o es el vencedor quien, después, se hace con el control del relato? ¿O en realidad la victoria consiste, precisamente, en hacerse con ese control? Es en este último caso en el que el libro de Luis María se convertiría en nuestro mejor aliado para detectar cuándo, cómo, por qué y para qué el relato que nos llega lo hace adulterado. Porque el actual clima de guerra cultural, y las particulares características de una sociedad mediatizada, es el caldo de cultivo perfecto para que los poderes, los clásicos pero también ese nuevo que representa la masa enfurecida en redes sociales, quieran controlar el relato. Los síntomas son claros: polarización, extrema emocionalidad, identitarismo exacerbado, cancelaciones, *fake news*, discursos hegemónicos, revisionismo histórico… Porque quien controla el presente, controla el pasado. Y, quien controla el pasado, controlará el futuro.

Es, pues, este libro un ensayo oportuno sobre la actual coyuntura social de nuestras democracias occidentales. Una radiografía certera de nuestra posición vulnerable como ciudadanos ante las herramientas de los poderes. Un diagnóstico atinado del punto en el que nos encontramos. Y debería ser, también y sobre todo, un acicate para revertir la situación y, conscientes de nuestra fuerza individual, devolver el control del relato a quien debe ostentarlo: eso que hemos convenido todos en llamar La Verdad.

Rebeca Argudo,
periodista y escritora

INTRODUCCIÓN

«Las multitudes no han conocido jamás la sed de la verdad. Exigen ilusiones, sin las cuales no pueden vivir».
Sigmund Freud

La ficción gobierna nuestras vidas. Su narrativa se ha convertido en el lenguaje prioritario que ha conquistado el ámbito cotidiano de todo contexto político, social, mediático, cultural, empresarial e institucional.

Vivimos en una sociedad construida por el relato, desde el relato y para el relato. La ficción emocional ha colonizado la vida de los ciudadanos, sometiendo sus necesidades, ideas, comportamientos y acciones al ámbito de una ilusión casi escénica. El relato es la nueva herramienta de poder absoluto con la que producir, construir y destruirlo todo.

La estrategia para crear un lenguaje mágico y hegemónico, con el que dominar a las masas en la era de la comunicación global, se ha convertido en una prioridad para los Gobiernos, los medios de comunicación, las multinacionales, las instituciones políticas y culturales y toda clase de colectivos y organizaciones occidentales.

La masiva y fulgurante llegada de las plataformas digitales a todos los hogares del mundo ha traído la netflixización social, haciendo que la narrativa de la ficción sea asumida como una realidad propia que domina el lenguaje cotidiano hasta convertirla en una falsa realidad.

Porque hoy todo el mundo quiere que le cuenten una historia. Y es que el lenguaje propio del relato cinematográfico sustituye a la realidad para acercarnos a un mundo adaptado a nuestros propios deseos y emociones. Un lenguaje anestesiador. Plagado de eufemismos, figuras retóricas, giros y terminología del buenismo retórico que, en realidad, es la herramienta más audaz para el control hegemónico de la estructura social.

Las narrativas propias de la construcción cinematográfica, escenográfica, dramatúrgica y de ficción, son el lenguaje hegemónico en todos los espacios públicos y privados de nuestro entorno. El poder del discurso de las emociones en la era de la manipulación se ha transformado en la narrativa del engaño, un escenario donde la ficción, como si de un opiáceo se tratara, termina moldeando la percepción de nuestro entorno y de nuestra realidad. Contar para conquistar. Contar para dominar. Contar para asustar, para deformar, controlar, enamorar y provocar.

Es la poderosa influencia de las historias en la sociedad contemporánea y en el escenario de la llamada «batalla cultural».

Su uso se ha extendido a todas las facetas de la vida, convertida en una nueva adicción dentro de un mundo dominado por la inquietante necesidad de evadirse de la verdad y de la propia existencia.

Es un relato para gobernarlos a todos.

Desde vender un coche hasta generar un odio injustificado hacia algo o alguien, la agitación emocional en el discurso es un arma afilada que entra sin esfuerzo en el frágil e indefenso inconsciente colectivo.

Desde el discurso hegemónico de la política-ficción hasta la creación de las ficcioticias o psicoticias en los medios de comunicación, el relato de la ficción es utilizado para que el público se identifique con una causa determinada, haciéndole creer que ha caído en el lado correcto de la historia.

Mientras tanto, las urnas se llenan de emociones, los discursos de mentiras y los titulares de sensaciones. La sociedad convierte la vida en un escaparate donde todo se vende, donde la verdad ha dejado de ser importante poque ya nada es real.

A través de una narrativa eficaz, directa y reflexiva, se cuenta cómo la netflixización de la sociedad ha acostumbrado al individuo a forzar la ficcionalidad de su entorno, lo que ha producido en la sociedad, la política, los medios de comunicación, las empresas y en las instituciones públicas y privadas un estilo obsesivo por adueñarse del relato y contar la realidad a través del uso abusivo de una narrativa propia de la ficción escenográfica del lenguaje dramático.

Todo el mundo quiere escuchar o ser el protagonista de una buena historia. Todo el mundo lo quiere todo. Y, además, quiere que se lo cuenten como si fuera una película.

En esta especie de relatocracia, las ideologías construyen relatos emocionales utilizando estructuras narrativas de ficción, lo que genera discursos que son asumidos como realidades incontestables por una gran parte de la población.

La materia con la que se fabrican las ideologías se construye a base del discurso, del mismo modo que la historia se construye con base en los acontecimientos.

La narrativa aristotélica se convierte en la herramienta perfecta para modificar y movilizar la masa social hacia una opinión prefabricada. Mantener la tensión, dominar el momento, fomentar emociones, crear un campo de batalla dialéctico que genera bandos de protagonistas y antagonistas, de víctimas y verdugos, y, sobre todo, jugar a teorías narrativas de identificación emocional para construir realidades absolutas que se impregnan en la sociedad vestidas de poesía política al servicio de las ideologías.

Es la construcción de la zombificación social, donde los Estados procuran individuos cada vez más empobrecidos y dependientes para agudizar el carácter restrictivo e intervencionista de los

Gobiernos, los cuales se disfrazan, gracias al uso de la terminología del bien común, en supuestas democracias de corte mágico.

Todo pasa por construir una cosmología narrativa que nos haga creer que estamos en el lado correcto de la historia. Todo pasa por fabricar ilusiones donde la sociedad quede atrapada entre la emoción y la palabra.

En la era de las comunicaciones digitales, el discurso es el momento. La noticia es ficticia y la ficción es el argumento.

Ennoblecer la narrativa no significa pervertirla ni utilizarla para hipnotizar y embrutecer a una opinión pública cada vez más debilitada por un consumismo atroz y una polarización propia de los discursos envolventes de la nueva era política. No puede justificarse en modo alguno el uso del noble arte de la retórica y de la narración para envilecer el lenguaje social. Deformando la terminología y disfrazando el relato, con la intención de aislar al individuo para mimetizarlo en una masa desprovista de libertades, censurada de argumentos y adoctrinada en ideologías cargadas de fanatismos radicales. Y, mucho menos, cuando se hace justificándolo en la búsqueda de un bien común que, en realidad, solo beneficia a una élite desprovista de las cualidades fundamentales para dignificar la convivencia de sus propios conciudadanos.

Todo se ha convertido en un relato. Quizás, en un mal relato. Pero en un eficaz cuento de hadas que, provisto de la fantasía de una ficción imaginaria, termina por anestesiar a un público que va perdiendo la capacidad crítica y autocrítica a pasos agigantados.

Encuentre un buen contador de historias, y llenará las urnas de razones, los circos de payasos y las plazas de enfervorizados seguidores.

Llenará los bares de testimonios, las cenas de Navidad de gritos y los estadios de seguidores.

Es la fuerza del relato en una sociedad escaparatizada e hiperconectada. Es la manera de construir los discursos ideológicos en el campo de la batalla cultural y el modo en que se fabrica el lenguaje con el que se quiere gobernar.

Porque triunfa el que cuenta la mejor historia, y vence quien maneja mejor el relato.

Bienvenidos a la era de la narrativa de ficción emocional, donde unos ganan y todos los demás perdemos.

Aunque siempre cabe recordar que, bajo ese halo de esperanza que sopla en la brisa del contrarrelato, las mejores historias solo les pasan a aquellos que son capaces de contarlas.

Capítulo 1

LA NETFLIXIZACIÓN DE LA SOCIEDAD

Cómo se construyen las narrativas escaparate en la sociedad Lumière

«Cuando el fanatismo ha gangrenado el cerebro,
la enfermedad es incurable».
Voltaire

Vence quien cuenta mejor su historia. La ficción gobierna nuestras vidas. Su lenguaje ha cambiado la forma en que percibimos la realidad y aceptamos nuestro entorno. Vivimos en una sociedad escaparate, esclava de un lenguaje escenográfico propio de la narrativa de la ficción. Las historias moldean nuestra percepción de la realidad en la era de la manipulación emocional. Surge el imperio autoritario de un relato dirigido para enfervorecer a las masas. Los hechos se transforman en feroces discursos de ficción, recubiertos de un lenguaje dulcificado con el único objetivo de alimentar a una sociedad hambrienta de conflictos y que desprecia la verdad. Hemos convertido la política, las relaciones afectivas, las instituciones, nuestros espacios de trabajo y ocio, los medios de comunicación y gran parte de nuestras acciones diarias en un relato fabricado en las leyes de la narrativa de la ficción. Es lo que podemos llamar la netflixización de la sociedad[1].

Las urnas se llenan de emociones. La política queda reducida a titulares donde la verdad es tan incómoda como prescindible y peligrosa. Las redes y los medios de comunicación levantan inmediatos juicios populares donde se apresuran a construir relatos repartiendo los roles de víctima y verdugo mucho antes de que lo hagan los únicos que, en los Estados de derecho, están legitimados para hacerlo: los jueces y el código legislativo.

Occidente ignora su decadencia y se devora a sí mismo en la cultura de la cancelación, mientras agita con fervor una ilusoria bandera bordada de falsas libertades.

Se abrasan en la hoguera del inconformismo todos los valores que nos convirtieron en un modelo de convivencia y bienestar, levantados, con mucho dolor, sobre los escombros y la devastación que provocaron dos guerras mundiales. Hartos de tanta posibilidad, solo elegir nos parece ya un acto de opresión y termina siendo un foco de profunda ansiedad. Demonizando, anulando y despreciando su capacidad de discernimiento individual, el ciudadano se infantiliza frente a un Estado cada vez más sobreprotector, que difumina al ser racional en una masa colectiva a la que se le tutoriza y prohíbe cada vez más. Una serie de dogmas producen una zombificación total e inundan el pensamiento colectivo, siendo abrazados por el conjunto de la población gracias a un discurso universal que identifica sus objetivos con términos bondadosos y legítimos. Los alquimistas de la retórica han elevado estos relatos a premisas incuestionables que se encienden o apagan en función de los intereses ideológicos desde el aleatorio interruptor de la narrativa emocional.

---

1 Término acuñado por el autor que define cómo la cultura del consumo de contenidos en *streaming* ha influido en la forma en que las personas perciben la realidad.

Se legisla contra la realidad objetiva. Contra la ciencia, la naturaleza y la razón. Se legisla a golpe de emociones, de complejos individuales y de frustraciones colectivas. Los sentimientos se elevan progresivamente a la categoría de verdad gracias a un relato perfectamente programado que adoctrina el ideario colectivo y aniquila todo conato de resistencia, contraargumento y oposición.

Hoy gana quien cuenta la mejor historia. O su mejor historia. Y la mejor historia no es más que la que nos identifica con el lado bueno y correcto del relato.

Aceptando una falsa vulnerabilidad o una ilusoria sensación de merecida justicia, nos envolvemos en esa insoportable necesidad de tener razón al creernos convencidos de estar en posesión de un discurso insuperable al que llamamos verdad. Las ideologías, presas de un fanatismo incurable que gangrena el pensamiento, se pelean con la realidad queriendo transformarla *de facto* e *ipso facto* a través de leyes y decretos para llegar a un Estado soberano y omnipotente gobernado autoritariamente por el discurso de las emociones.

Desde la noche de los tiempos, las sociedades se construyen a través del relato. Pero hoy, en la era de una nueva cosmología narrativa que monopoliza la digitalización de los sentimientos, el pensamiento y la imagen, la narrativa propia del cine o la dramaturgia ha tomado de manera hegemónica los discursos políticos, mediáticos, sociales e institucionales. Se llega a crear una sociedad escaparate que se desarrolla en un mundo donde una imagen ilusoria, construida y proyectada en la fuerza de las emociones, es más valiosa que la propia evidencia de los hechos contrastados.

Esperamos que todo se nos presente como una historia envolvente que reconduzca nuestra participación y protagonismo en la vida social y política. La nueva cultura del entretenimiento en *streaming*, donde la tecnología ha cambiado nuestra forma de consumir historias, ha transformado nuestras expectativas. La nueva relación con la narrativa nos acostumbra a buscar ficciones en todos los aspectos de nuestra vida. Todo esto ha influido en una nueva forma de construir y percibir la realidad política, institucional y social de la que formamos parte.

La netflixización de la sociedad se debe al consumo masivo y constante del entretenimiento construido en el lenguaje que sostiene la narrativa de la ficción.

Gracias a la proliferación de las plataformas de contenidos audiovisuales, cada vez más gente está profundamente familiarizada con este lenguaje narrativo. Este fenómeno imparable y universal ha generado una inquietante adicción por envolver la realidad en una especie de relato construido en las técnicas de la ficción, que lo recubre de una capa ilusoria de legitimidad.

Hasta hoy, la narrativa de la ficción no había arraigado de manera tan contundente en generaciones enteras, que, en la actualidad, nacen con el lenguaje y la escenografía de lo ficticio casi incorporados en un código genético donde el discurso emocional sustituye a una incómoda verdad. Gracias a esta netflixización social, se fabrica un relato de ficción con el objetivo expreso de gobernarlo todo.

Existe una expectativa por dotar de cierto aspecto épico todos los aspectos de nuestra existencia. Desde las nuevas prácticas en los entornos laborales hasta las nuevas formas de relacionarse, comunicarse e informarse, todo ha sido absorbido por una necesidad narrativa que busca convertir lo cotidiano en una especie de película ilusoria que nos haga protagonistas de un cuento fabricado a nuestra medida.

Este proceso ha influenciado de manera decisiva en dos aspectos fundamentales para la formación de los nuevos paradigmas de las sociedades contemporáneas: el relato político y el relato mediático.

La política, ese espacio cada vez más necesitado de las emociones y más hostil con la verdad, busca desesperada, en los procesos de la narrativa de ficción, la manera de echar sus redes en nuevos caladeros de votos que puedan legitimar sus discursos, y perpetuar así sus ansias de poder.

Del mismo modo, los medios de comunicación de masas, las redes sociales, los canales en *streaming* y las nuevas plataformas de contenidos asumen el lenguaje y las estructuras de la ficción para generar un nuevo concepto de información basado en las emociones, y superando los hechos para, en caso de ser necesario, deformarlos hasta moldear una historia que sirva a los diferentes intereses empresariales, ideológicos, económicos o institucionales. De esta manera, se generan debates sociales que conforman el nuevo marco del imaginario colectivo y predisponen al ciudadano y al conjunto de la sociedad, en un modelo de pensamiento único que ejecuta sentencias y construye realidades de manera inmediata.

Es así como se edifica el universo de ideas hegemónicas que se gestan desde el control de la conversación pública y publicada.

Esta netflixización de nuestro entorno, junto al nuevo protocolo de desarrollo digital y al imparable avance tecnológico que conlleva, han cambiado la forma en que consumimos las historias y cómo ejecutamos y devoramos los nuevos modelos de ocio y entretenimiento.

Fenómenos propios de esta práctica, como pueden ser el *binge-watching* (atracones de consumo masivo de episodios de series de manera adictiva) o los *fasters* (la reproducción de productos audiovisuales a mayor velocidad de la normal con el fin de consumirlo en el menos tiempo posible), están directamente relacionados con una sociedad automática y supeditada al fenómeno del *buy now* que ha hecho de la vida un espacio lleno de emergencias. Lo inmediato es la única anestesia para quien ya no soporta la espera. Tenerlo todo al alcance y conseguirlo de manera inmediata es una nueva exigencia que las nuevas generaciones de Occidente lo asimilan como un derecho adquirido de manera innata, sin ningún tipo de esfuerzo adicional. La enorme cantidad de contenidos susceptibles de ser consumidos por las poblaciones occidentales es de tal magnitud que incluso el proceso de elegir se ha convertido en el origen de una inquietante fuente de ansiedad. Curiosa paradoja: tenerlo todo y sufrir por la inmediata posibilidad de poseerlo. Es la sociedad escaparate. La que tiene todo, pero no se conforma con nada porque siempre hay otra tienda a la vuelta de la esquina.

Hemos pasado del llamado estado del bienestar a un estado de agitación colectiva debido a un exceso de estímulos cuyo objetivo principal es fomentar el consumo masivo de contenidos. La cantidad de información a la que nos exponemos en la era de la netflixización social es tan abrumadora que no hay tiempo para la reflexión ni el discernimiento ante la urgencia en una constante elección. Por tanto, el relato, cuando se fabrica, debe ser certero, directo, emocional y concreto. No hay tiempo para discursos que requieran de un tiempo diferido para ser asimilados. Las redes sociales abrazan el eslogan en la «sociedad de los ciudadanos sin tiempo». La imperiosa necesidad de convencerse por el camino más rápido hace que los ciudadanos asimilen fácilmente una premisa automática con mensaje emocional de narrativa ficcional con la que crear una rápida predisposición ideológica. De esa manera, se toma partido de forma instantánea sobre un dilema.

Por eso, al igual que si de una plataforma de contenidos se tratara, donde el cliente bucea durante horas buscando el contenido perfecto para un apetito imaginario, el individuo busca el relato perfecto en un maremágnum de información para saciar la necesidad de autoidentificarse con el lado del discurso que es aceptado como el socialmente correcto.

Ahora todo el mundo quiere que le cuenten una historia sin importar en absoluto la veracidad de los hechos. El relato es el proceso de reconvertir la información en una historia de ficción que sirva a nuestros propios intereses gracias al uso de las emociones.

En este nuevo relato, se premia o condena al individuo en función de su género, condición sexual, origen étnico o afinidad ideológica por encima de su capacidad real, su esfuerzo, experiencia demostrada o su talento innato. Se desprecia el mérito y el esfuerzo para empoderar al individuo a través de un impostado victimismo que genera una nueva lucha de clases, cuyo objetivo es que el ciudadano se identifique como protagonista de una injusticia previamente escenografiada o con una minoría en proceso de opresión.

El discurso se fabrica desde el conflicto en la relación opresor-oprimido, lo que genera cadenas entre colectivos y minorías que crean hegemonías culturales que secuestran el relato. Se retuerce el significado de la palabra, se monopolizan los términos y se construyen nuevos lenguajes que, una vez inyectados en el inconsciente colectivo, se imponen como supuestos garantes de un bien común.

Se culpabiliza al individuo por lo que puede llegar a hacer o por un pasado del que no es responsable sin argumentos científicos demostrados, destruyendo la esencia y estructura biológica natural, en favor de sensaciones y emociones subjetivas convertidas en dogmas irrefutables que, de ser criticados, condenarán *de facto* al ostracismo social a quien lo intente.

Se restringen las libertades a la movilidad, al libre consumo o a la libre alimentación. Se censura el acceso al conocimiento y a la información gracias al dominio de la terminología, responsabilizando de manera ilusoria al individuo que asume automáticamente una condición de culpabilidad con respecto a los cambios y sucesos de su entorno.

Se minimizan y prohíben las libertades que capaciten el pensamiento crítico gracias a la cultura de la cancelación promovida en el movimiento *woke*[2], justificando un necesario cambio de

---

2 Movimientos identitarios relacionados con ideologías radicales de una parte de la izquierda posmoderna, cuya esencia se fundamenta en cancelar,

paradigmas que, a pesar de su evidente totalitarismo destructor, es cubierto en una capa de chocolate democrático que lo autoproclama, de nuevo, en el lado correcto de la historia.

Se destruyen los valores de Occidente sin más argumento que el odio hacia el pasado, para imponer una utopía colectivista que suprime y empobrece al individuo, y lo convierte en un ser dependiente de Gobiernos que, manejados por unas élites cada vez más insaciables, lo tutelan y lo adoctrinan para anestesiar sus inquietudes, y le dan toda clase de distracciones y conflictos inmediatos para crear necesidades ilusorias.

Todo esto solo es posible gracias a que la sociedad ha asumido el lenguaje de la narrativa de ficción como una fuente de información fidedigna que moldea nuestra percepción de la realidad y del entorno, y sobre la que construimos los acontecimientos que protagonizamos como parte de una identificación tribal[3].

Hay un asombroso e inquietante paralelismo entre las nuevas formas de consumo del ocio y el entretenimiento por parte de la sociedad, y la construcción de nuevos patrones de conducta y pensamiento que demanda el individuo en la vida real.

La «netflixización de la sociedad» es un término que podemos utilizar para describir un fenómeno cultural y social en el que las personas adoptan patrones de consumo y comportamiento similares a los que se encuentran en las plataformas de transmisión de contenido digital.

La posibilidad de la elección aleatoria e indiscriminada, donde el usuario elige el contenido que quiere consumir, se ve reflejada

---

suprimir, señalar, condenar, revisar y censurar toda persona, pensamiento u obra que no sea cómplice o simpatice del pensamiento único impuesto por lo políticamente correcto.

3 El lenguaje narrativo y escenográfico con el que Gobiernos, autoridades, medios de comunicación e instituciones plantearon la pandemia mundial del covid-19 hizo asumir al conjunto de la sociedad que ya éramos parte de una película de ficción, donde la supervivencia, la lucha contra un antagonista invisible y la sensación de tribalidad con un objetivo común les dieron todas las herramientas para fabricar la primera gran narrativa de ficción social del siglo XXI.

en la creciente demanda de servicios a la carta, como la música en *streaming*, la comida a domicilio, la educación en línea y, por supuesto, la información publicada y la opinión mediática sobre un hecho concreto. Del mismo modo que las plataformas usan el algoritmo para sugerir contenidos afines a los gustos del usuario en función de sus preferencias, en la sociedad actual, la personalización y la recomendación del discurso narrativo para ideologizar el debate colectivo son necesarias para encontrar nichos de pensamiento que puedan adherirse a las corrientes de influencia mediática, y crear así cauces de identificación con los que ganar adeptos a una causa. No es, por tanto, casual ver la creciente obsesión manifiesta por parte de los Gobiernos, las instituciones, los colectivos y las empresas contemporáneas por intervenir, crear y adquirir los medios de comunicación de masas y los canales de comunicación digital para fabricar estados de opinión unificados gracias a un relato prefabricado en los despachos de los magos de la retórica.

Además, la netflixización social ha generado una globalización de la cultura al poder llevar contenido de toda índole a cualquier rincón del mundo con un acceso inmediato, asequible y eficaz. De manera similar, la sociedad actual está cada vez más interconectada a través de las redes sociales y las comunicaciones en línea, donde la difusión de ideas y discursos se globaliza y se automatiza de manera inmediata, pudiendo llevar cualquier relato narrativo al rincón más apartado del mundo en un solo golpe de ratón. Asimismo, se descentraliza la información, lo que hace que llegar a audiencias globales con mensajes predestinados a comunidades concretas produzca una amplificación universal del efecto de identificación con las mismas.

El relato termina construyendo las ideas que nos hacen percibir nuestro contexto actual, los hechos históricos y las probabilidades de futuro, de una manera determinada e influenciada por las ideologías, los prejuicios, los sesgos, las filias y las fobias tanto de quien crea el discurso como de quien lo percibe como receptor.

Del mismo modo, la narrativa emocional funciona como una construcción dramática y escenográfica de carácter psicológico que fabrica relatos con estructura ficcional. Su objetivo es crear tendencias y estados emocionales para generar posiciones ideológicas o refrendar estados de opinión masivos. El relato es extraordinariamente eficaz cuando es dirigido a una población en estado de vulnerabilidad, insatisfecha, ofendida y consecuentemente agitada, pues el grado de receptividad se incrementa de manera exponencial ante cualquier acontecimiento que genere. Pasamos la vida tan obsesionados en retenerla, que no somos capaces de dejar que simplemente ocurra. Y cuando ocurre, queremos modificarla para que cumpla de manera forzada nuestras expectativas.

En este imperio de la relatocracia[4], es donde las ideologías construyen los relatos emocionales a través de estructuras narrativas de la ficción. De ese modo, nacen los discursos que son asumidos como realidades incontestables por una gran parte de la población. Porque hay una fuerza arrolladora escondida en el poder de las palabras. Una magia de la que brotan conceptos que, construidos a conciencia, se imprimen en el imaginario colectivo convertidos en verdades irrefutables debido a su carga emocional y la extraordinaria capacidad de autoidentificarse con lo mejor de la condición humana.

Podríamos decir que una historia bien contada capta la atención del público. Una buena historia bien contada hace aplaudir al público. Una historia que cuenta lo que el público quiere escuchar, si conocemos su estado emocional y predisponemos el espacio para generar el conflicto, es convertida en una especie de catecismo ideológico que no necesita la verdad para ser adquirida con fervor irracional para hacerla sobrevivir en el tiempo.

4 Término acuñado por el autor.

Gana quien cuenta la mejor historia a un público predispuesto, ofendido, hipersensibilizado, inseguro, victimizado y necesitado. La narrativa es la mayor arma de poder e influencia cuando la ficción, manipulando las emociones colectivas e individuales, se apodera de nuestra percepción del mundo.

Somos seres narrativos como especie, y necesitamos idealizar y construir relatos imaginarios para poder sobrevivir al paso del tiempo. Para crear mitificaciones de la realidad o espacios ilusorios donde lo imposible se hace probable. Necesitamos generar identificaciones a través de dogmas que nos posicionen ante determinados dilemas morales gracias al proceso de creatividad narrativa. Como seres narrativos, necesitamos las historias, los cuentos, las fábulas, los relatos y las leyendas. Sin ellas, no podríamos asumir la vida desde la perspectiva de incertidumbre que amenaza nuestra supervivencia en ese imposible anhelo hacia la inmortalidad. Queremos que lo imaginario y lo ficticio nos libere de la concreción de la realidad y la aceptación de nuestra propia mortalidad. Exigimos a la ficción que convierta la imperfección de la vida en un espacio seguro y perfecto, donde nuestros anhelos se conviertan en verdades y nuestra lucha se vea envuelta en la poética de la justicia. Queremos moldear la realidad reconstruyéndola a imagen y semejanza de nuestras inquietudes, creando un universo hegemónico en el que solo habiten nuestras causas y razones.

Como espectadores de la temporalidad de la existencia, necesitamos conocer y predecir el futuro gracias al suspense que genera el presente. Es la narrativa del miedo, propia y específica de las comunidades donde la razón se apaga en favor de la superstición. Donde la ciencia se apaga para que se encienda la prestidigitación. Es la no aceptación del río de la vida como un cauce imperfecto, impredecible pero necesario e imprescindible para el verdadero fluir de la existencia. El conflicto trabaja sobre la probabilidad del suceso y el suceso es la disrupción en la continuidad de los acontecimientos.

Los seres humanos hacen la historia, pero la historia también hace a los seres humanos. Contarlas y transmitirlas son un hecho indisolublemente adherido a la esencia fundamental del ser humano. Desde las pinturas rupestres hasta los nuevos lenguajes surgidos en las redes sociales y en la narrativa digital, el ser humano ha tenido la necesidad constante de contar historias refugiándose en la ficción para trasladar sus inquietudes, evadirse de la realidad que lo atenaza o, simplemente, como medio para satisfacer su necesidad de entretenimiento.

Pero hoy, cuando los canales de la información inundan la rutina diaria, el lenguaje se convierte en una herramienta de filo peligroso y precisión extraordinaria.

Ya nadie quiere morir en una oscura trinchera atravesado por una bala perdida de un conflicto bélico. Las guerras armamentísticas se circunscriben cada vez más a territorios concretos donde sociedades sin recursos son víctimas del embrutecimiento de gobernantes locales aferrados a un discurso tribal y territorial. Ahora, la nueva guerra global está en la información. Es la guerra híbrida, que conjuga el misil y la palabra. Es apoderarse del estímulo audiovisual y hacer de la imagen una bala. Poseer el dato y, luego, cambiarlo por la emoción. Ahora, la batalla está en la forma de contarlo. Es lo que llaman la batalla cultural o de las ideas. En el mundo de la sobreinformación digital, las batallas son narrativas y las armas, los relatos que emanan de un *storytelling* cuya construcción es mucho más devastadora que cualquier arma convencional. El juego político convierte a quien lo ejerce en una especie de flautista de Hamelín, portador de un discurso embaucador que hipnotiza a una sociedad sedienta de respuestas y hambrienta de afirmaciones.

Ya no es la economía, sino las emociones, estúpido[5].

---

5 «Es la economía, estúpido». Frase asignada a James Carville, estratega y consultor de comunicación de Bill Clinton que centró la campaña electoral por la Casa Blanca de 1992 en las necesidades reales y cotidianas del contribuyente

El tablero estratégico para dicha contienda solo podría darse en una sociedad abiertamente hedonista, donde la apariencia tiene más valor que la esencia, y lo fingido es asumido como legítimo. Es la sociedad de la narrativa-escaparate[6] la que vive expuesta en un relato disfrazado que camufla una realidad incómoda y prescindible. La que se argumenta en la prestidigitación narrativa al servicio de una causa ideológica. La que se muestra tras un falso cristal blindado que cree protegerla de sus propias miserias e imperfecciones. La que abraza sus emociones y sus frustraciones para convertirlas en oraciones naturales. La que redacta nuevos catecismos morales con los que repartir condenas y levantar guillotinas virtuales. La que desprecia el estado de derecho tutelado por las leyes para imponer regímenes de opinión comisariados por fanáticos de la dictadura narrativa. Cada vez es más crítica la crisálida de conflictos que eclosionan entre culturas, clases sociales o sistemas de tribalización hiperideologizados que deciden imponerse a través de todo tipo de movimientos estratégicos de comunicación afectiva. Las sociedades exhalan sus frustraciones y sus procesos identitarios, por la herida de la ofensa. Una herida que se abre ante la necesidad compulsiva de tener razón, proceso que se fabrica gracias a la construcción político-mediática de relatos ficticios que consigan empaquetar ideas de rápida absorción para el imaginario global.

Para entrar en la guerra comunicativa, antes se necesita construir un entorno que propicie y predisponga al individuo gracias a las tres fases necesarias para la zombificación social: distrayendo informativamente, aterrando narrativamente y creando dependencia emocionalmente.

americano, por encima de la macro política de logros en el exterior de G. Bush. Apostó por focalizar el discurso en las inquietudes de la clase media americana y su economía doméstica como eje fundamental del relato electoral. Y ganó.

6 Término acuñado por el autor.

La narrativa superemocional es una construcción dramática y escenográfica de carácter psicopolítico para construir relatos con estructura de ficción cuyo objetivo es crear tendencias y estados emocionales que generen posiciones ideológicas o refrenden estados de opinión masivos. El relato es extraordinariamente eficaz cuando es dirigido a una población en estado de vulnerabilidad, insatisfecha y consecuentemente agitada, pues el grado de receptividad se incrementa de manera exponencial ante cualquier acontecimiento que genere.

Las nuevas generaciones asumen a cada vez más temprana edad la narrativa de ficción como un lenguaje certero que construye ideas asumidas como realidades absolutas. Todo este nuevo relato mercantil, político, mediático y social termina dando forma en su conjunto a una especie de sociedad Lumière[7], cuya existencia se rige en comportamientos que necesitan compulsivamente vivir y crear espacios ficticios de ilusión imaginada al más puro estilo cinematográfico. El individuo anhela protagonizarse buscando su victimización para visibilizarse como imprescindible formando parte de la tribu. Ya nadie quiere ser un héroe. Demasiadas responsabilidades y obligaciones. Demasiado esfuerzo y sacrificio. Un individuo frágil, dependiente y asustadizo que encuentra hoy, más que nunca, amparo y protección en los márgenes del colectivismo surgido en la fuerza de su propio lenguaje narrativo. La sociedad Lumière es esa sociedad que vive la realidad como si fuera una película de ficción y, por tanto, reescribe la vida como si fuera un guion prescindiendo de la verdad natural. Quiere crear un mundo paralelo en función de sus emociones y sus deseos, donde casi todo es una mentira que quiere convertirse en verdad. Para poder desarrollarse, la sociedad Lumière se sustenta básicamente en un discurso trabajado en las emociones y las percepciones. Y, para ello, necesita

7 Término acuñado por el autor.

un lugar donde exponerlo. Pero, ante todo, la sociedad Lumière necesita que todo se vea desde una especie de perspectiva Disney[8] en la que los buenos y los malos, los protagonistas y los antagonistas, los de arriba y los de abajo, queden absolutamente representados, escenificados e identificados.

Hoy, vence quien convence con su mejor historia gracias a ejercer el monopolio del discurso y la hegemonía en la fabricación de consignas. El dominio y control del debate público son fundamentales para controlar la llamada agenda comunicativa. Agitar emociones, construir identidades. Crear nuevos códigos de conducta desde una moral categórica. Condenar al disidente. Cancelar al rebelde. Enterrar al valiente.

Hacernos caer en el lado incorrecto de la historia.

El horno narrativo se enciende cuando el espectáculo se pone al servicio de la causa y la causa construye el conflicto al servicio del relato. Es el abrumador poder que ostenta quien domina la narrativa de la ficción.

Es el imperio de la narrativa-escaparate o el momento de una sociedad Lumière.

Bienvenidos a la era de la netflixización social.

Donde vale más una mentira mal contada, que una verdad por contar.

Donde casi siempre gana quien cuenta la mejor historia.

---

8 Término acuñado por el autor con el que se pretende hacer referencia a la construcción de una realidad escenografiada donde buenos y malos, víctimas y verdugos, se posicionan de manera categórica en la historia para no dejar duda alguna de su lugar en la misma, lo que genera filias y fobias instantáneas desde el principio e identifica al espectador con el principio de bondad humana de manera incuestionable. El ser humano no tiene matices, y su comportamiento es uniforme, invariable e inmodificable.

Capítulo 2

LA NARRATIVA DE LA POLÍTICA-FICCIÓN

Cómo se construyen los discursos con los que nos quieren gobernar

«La educación en democracia tenía que consistir en hacer a los ciudadanos inmunes a la elocuencia».
Bertrand Russel

Si hacemos de la política el arte del engaño, convertiremos la vida en una ficción; el progreso, en una farsa; y la esperanza, en una difamación.

El relato en la política de la sociedad moderna desempeña un papel fundamental y poderoso en la era de la supernarrativa emocional. Época donde, claramente, ganan aquellos que pueden contar la mejor historia.

Los relatos han sido utilizados desde tiempos inmemoriales para influir en las masas, generar estados de opinión y moldear la opinión pública, de ahí la enorme importancia para el individuo de mantenerse consciente y conocer este tipo de lenguajes para poder tomar decisiones ecuánimes y no influenciadas por el dominio del discurso ficticio, la retórica mágica y el relato de la narrativa-escaparate.

Los grandes oradores nunca han pasado de moda, pero la capacidad de contar una historia convincente se ha vuelto fundamental en el universo político y en la competición por el poder institucional, mediático y económico. Quienes pueden articular y comunicar su cosmovisión a través de relatos persuasivos, a menudo, ganan la atención y el apoyo del público. En este contexto, cabe subrayar que, al utilizarse cada vez más las pautas y herramientas de la ficción, no siempre prevalece la verdad o la realidad en el relato, sino la narrativa más efectiva.

En la época de la sociedad netflixizada, cada vez cobra mayor importancia que los ciudadanos sean conscientes de las narrativas de política mágica o política-ficción que los rodean. En un mundo inundado de relatos dirigidos por narrativas ficticias, se hace fundamental no solo la capacidad de discernimiento, sino la opción de llegar a información verificada y tomar decisiones informadas, algo que cada vez es más restringido a una élite que puede, o bien pagar por ello, o bien tener un acceso limitado a la información de calidad, veraz y contrastada.

La verdad se vuelve un elemento frágil y maleable en una sociedad donde las historias pueden ser utilizadas para manipular la percepción pública. Los discursos que se fabrican dentro de la narrativa de ficción terminan siendo asimilados por la población, como una realidad tangible con la que se identifican al adaptarse a sus necesidades emocionales y, sobre todo, al autopercibirse en el lado correcto de la historia.

La clave en el relato político es vender el discurso como un valor narrativo indivisible con el que considerar el entorno, la historia y el desarrollo futuro, desde una perspectiva hegemónica e indiscutible para una transformación social hacia un bien común.

Las narrativas de ficción, aplicadas a cualquier campo social, moldean la política y la sociedad a través del control de la opinión pública. Se adueñan de la agenda comunicativa, se apoderan de la terminología y se apropian de la agitación emocional.

La política contemporánea, influenciada por los enormes cambios de la revolución digital y comunicativa, ha adoptado la narrativa de la ficción como herramienta esencial para ganar seguidores, agitar conciencias, fabricar estados de pensamiento, producir filias y fobias y construir un espacio esencialmente cinematográfico donde el conflicto es la base.

Se construyen personajes, situaciones, sucesos y conflictos de toda índole, incluso inverosímiles, con los que el público necesita identificarse rápidamente, empleando elementos de la ficción para ganar así adeptos a la causa, manipular emociones y moldear la percepción pública.

El objetivo de la ficción política consiste en modificar la percepción de los hechos con una suerte de hipnosis narrativa aplicando estrategias de comunicación masiva. La repetición del concepto hasta convertirlo en una verdad asimilada o la apropiación del significado para posicionarlo en el lado correcto del psicopensamiento ético y moral de la comunidad global son ejemplos de ello.

En este proceso, las emociones son fundamentales como elementos claves para la construcción de ideas conscientes e inconscientes que posicionan al individuo, y al colectivo, en una situación de identificación con el bien propio y el común. En ese sentido, las narrativas emocionales pueden llevar a la adhesión ideológica y al adoctrinamiento de masas de una manera rápida y eficaz, al conseguir llegar al subconsciente con la precisión quirúrgica de un bisturí aprovechando un estado de vulnerabilidad emocional, tanto colectivo como individual, previamente fabricado.

Cuando las ideologías se dedican a tutorizar el comportamiento de los seres humanos, y lo hacen proclamando un supremacismo moral e intelectual, convencidas, además, de poseer una condición especial que lleva categóricamente al bien común, es entonces cuando los estados de derecho y sus libertades comienzan a deteriorarse.

Si los medios de comunicación se dedican a dictar sentencias o el individuo queda restringido a la sumisa aceptación de un pensamiento único, es entonces cuando las democracias terminan por apagarse. Su enfermedad se disfraza a través de una ficción que dulcifica su agonía, pero que no puede evitar el desagradable olor de algo que se descompone.

Desgraciadamente, esto ocurre cuando el monopolio del discurso y la hegemonía en la fabricación de las consignas quedan en manos de un fanatismo que, tras haber gangrenado el intelecto, ya se muestra incurable.

El dominio del debate público es fundamental para controlar la llamada agenda comunicativa. El control sobre el relato termina siendo el objetivo principal de quienes convierten el discurso político en un espacio estratégico donde la batalla cultural encuentra en la narrativa su arma más poderosa.

Si antes se conseguía someter a través de la violencia, en la era de la comunicación digital, el enfrentamiento cuerpo a cuerpo y la pérdida de vidas humanas dentro de la escenografía de dolor y destrucción física se entienden como una anacronía perteneciente a un oscuro pasado. Ahora, es preferible someter a través de la fuerza hipnótica del relato y subyugar con el monopolio de la información. Ahora, la contienda en las sociedades occidentales se centra, sobre todo, en el marco de la denominada batalla cultural[9]. Una batalla que engloba todas las formas posibles de adoctrinamiento a través de diferentes canales de información, pero que toma la cultura como el eje principal para modificar los pensamientos y las ideas, al ser el elemento fundamental para entender el mundo que nos rodea. La agenda cultural, que engloba desde el espacio educativo hasta los medios

9 Término que hace referencia a la intención de dominar y ejercer influencia desde el discurso político sobre los valores, costumbres, normas, historia, lenguajes, creencias o tradiciones que conforman un legado común que aglutina a una comunidad por la cual se intenta la apropiación para ponerlas al servicio de una ideología determinada.

de comunicación, pasando por el desarrollo de las artes escenográficas, historiográficas y audiovisuales, es el mayor campo de abono para sembrar la semilla del discurso político. Al ser la cultura la manera natural de identificarnos y desarrollarnos en el entorno social, asimilando la visión del mundo en un determinado contexto, controlar la agenda cultural es fundamental para poder desarrollar un relato de ficción política eficaz y duradero. La batalla cultural se da en el marco del intelecto y, por tanto, de la construcción de ideales que se desarrollan, principalmente, en tres ámbitos esenciales: el narrativo, el identificativo y el emocional.

Esto ha sido ampliamente entendido a lo largo de la historia por las ideologías de corte más progresista o de izquierdas, practicando una hegemonía narrativa sobre el entorno cultural que, a diferencia de las políticas más conservadoras, hicieron de la narrativa económica su principal argumento de identificación social.

A pesar del amplísimo escenario en el que se plantea esta «batalla cultural», el aspecto narrativo de la misma es incuestionable, pues, desde el lenguaje, se articula la verdadera posibilidad de identificarnos emocionalmente con el relato cultural. La educación, la expresión artística, la comunicación social y el traspaso de las costumbres, los valores y los ritos entre generaciones son indivisibles a la necesidad de un lenguaje y una narrativa específica que predispongan a identificarnos desde una manera personal y colectiva con nuestro entorno. Es un campo de escenarios múltiples y diversos que conforma en su totalidad la visión trascendental del individuo como parte del mundo y de las sociedades que lo habitan.

La construcción de nuestras ideas e ideales, de nuestros valores y, en definitiva, de nuestra manera de entender el mundo y las consecuencias de nuestras acciones viene determinada por un proceso narrativo que asimilamos desde el nacimiento y que absorbemos rápidamente en nuestros primeros años de vida. A partir de ese momento, todo es un aprendizaje basado en premisas aprendidas y experiencias acumuladas que van conformando la cosmovisión que forjamos del entorno, desarrollando puntos de vista diferentes a la hora de valorar y entender el pasado, el presente y el futuro. Desde nuestra posición analítica con los hechos históricos hasta nuestra forma de querer cambiar el futuro hacia un mundo mejor según nuestras necesidades, o la forma de entender nuestras prioridades inmediatas, todo se argumenta desde un punto de vista narrativo desde el que nos explicamos, desde el que nos identificamos y desde el que nos posicionamos.

Todo este tipo de narrativa, que trasciende a la necesidad expresa del ser humano para contar historias, es lo que podemos argumentar como la fuerza del relato político. El hombre es un animal político y, como tal, es un ser cultural. Su historia es inseparable de su transmisión y, por eso, no existe civilización sin relato, ni pueblo sin épica.

La política actual pretende atomizar el relato con un neolenguaje que nos convierta en una sociedad cada vez más dependiente, vulnerable, colectivista y automática. La degradación del relato puede llevar a una lesión de las instituciones, mientras que la degradación moral envilece la emociones. La dictadura de las mayorías, disfrazadas en el discurso hegemónico de unas minorías, provoca un nuevo opio del pueblo, ansioso por devorar estos relatos para sanar miedos y saciar sus propios intereses personales.

Los Gobiernos contemporáneos, identificados con un obsesivo discurso social, colectivista y populista en su predicamento, basan su política en una narrativa imaginaria de ficción construida en el relato mágico de la terminología del progreso y la justicia social. Tras esta narrativa de contagio, debido al uso y abuso de dicha terminología, se practican políticas que, en realidad, consiguen empobrecer al individuo tanto intelectual como moral, cultural y económicamente, para que este, una vez se sienta vulnerable, opte de manera voluntaria por mimetizarse en una masa en la que se siente protegido por el propio Estado. Estos

Gobiernos trabajan desde esta narrativa, una pretendida defensa del colectivo vulnerable que, en realidad, se realiza a través de una fuerte presión fiscal y recaudatoria que es justificada, más tarde, en subsidios, ayudas y subvenciones presentados en una desesperante maraña burocrática.

Europa y gran parte de la cultura occidental han fomentado estas estructuras de acción política con un evidente fracaso objetivo, el cual se disfraza en la narrativa de la ficción, para presentar el Estado como un garante del estado del bienestar. Nada más lejos de la realidad. Estos discursos producen en el imaginario e inconsciente colectivos un pensamiento único que identifica el Estado con un ente protector, cuando, en realidad, menosprecia y aísla al individuo, al que ve incapaz de madurar y valerse por sí mismo.

Esto es lo que lleva a tener las más altas cotas de Gobiernos intervencionistas de la historia, donde la mayoría de las leyes que se aprueban tienen como objetivo restringir, prohibir e intervenir en la vida, las libertades y la intimidad de las personas y los ciudadanos.

Poco a poco, las democracias se desangran a través de estos discursos, que, para una parte importante de la sociedad, son aún asumidos como un privilegio al comprar el relato de ficción emocional tras el que se esconden.

Al mismo tiempo, lo que está en juego es controlar la opinión pública. Es construir una manera uniforme y sólida para hacer que la masa social pueda ver y entender el mundo desde un prisma ideológico que sirva para perpetuar en el poder al estamento político. Se alimenta de mensajes fabricados en la narrativa de ficción para crear predisposiciones de ideas que siempre deben hacerse pasar por las necesarias e imprescindibles de cara a alcanzar un mundo mejor.

Todo debe ser presentado en un entorno escenográfico proclive a la asimilación de los mensajes, cosa nada difícil en una sociedad que, como ya hemos comentado, está netflixizada y, por tanto, muy acostumbrada al lenguaje de la ficción.

Pero, si la gente consume masivamente historias, entonces, démosles historias. Fabriquemos historias.

Los medios de comunicación ya no transmiten información, sino que se dedican casi exclusivamente a generar emociones con los hechos. Se secuestra el término para ganar el discurso político y social. Se construye minuciosamente, con técnicas narrativas propias de la ficción cinematográfica, un discurso que sustituya a la verdad.

El relato comienza con el secuestro del término y termina cuando las urnas rebosan de emociones.

Los partidos buscan desesperados nuevos caladeros de votos que legitimen con el voto sus verdaderos intereses. Antes, era la economía. Ahora, son las emociones.

La tergiversación del suceso para convertirlo en un relato emocional es la premisa principal de la acción comunicativa en el relato político actual. El tecno-Estado político (Gobiernos e instituciones), el tecno-Estado mediático (medios de comunicación de masas y redes sociales) y el tecno-Estado empresarial (empresas de venta y consumo masivo y global en el ámbito digital) conforman en su unión una especie de supra-Estado general, un monstruo inconmensurable cuyo alimento principal es un superdiscurso único, hegemónico y direccional que, además, censura y aniquila cualquier otro argumento narrativo por mucho que se sustente en una lógica retórica, argumentos inequívocos o en datos irrefutables.

La falacia no es un error, sino una certeza emocional al servicio de la idea, que no debe ser cuestionada si sirve a la causa gracias al proceso de manipulación colectiva.

Es encontrar la palabra precisa que despierte una pasión subyugante.

Frente a una sociedad cada vez más necesitada de certezas y seguridades, que desprecia su condición mortal como parte intrínseca del hecho existencial, la maquinaria propagandística del discurso político y su poderosa capacidad de identificación social se reivindican como una apisonadora imparable capaz de generar discursos emocionales de una eficacia aterradora.

El lenguaje discursivo que emana del relato ficcional se basa, en muchos casos, en un retorcimiento de la narrativa para conseguir que una premisa falaz pueda convertirse en una certeza incuestionable. La capacidad de persuasión que dicho relato consigue se construye, fundamentalmente, gracias a dos ingredientes prioritarios en el relato político emocional: el elemento de la *repetición consciente* junto al de la *prestidigitación argumental.*

La repetición consciente trabaja como la gota que cae en la piedra, con una constancia imperturbable por la cual podemos convertir una falacia, un libelo o una farsa en algo tan asumible como veraz. Esto es absolutamente conocido como herramienta propagandística desde hace siglos, pero no por ello deja de ser eficaz, y más cuando los canales de comunicación se amplían al mundo digital, bombardeando indiscriminadamente de premisas el debate popular.

La prestidigitación argumental[10] se basa en una práctica que engloba un conjunto de trucos y habilidades retóricas en la construcción del relato, para hacer aparecer y desaparecer conceptos premeditadamente. Así, se construyen ideas que, disfrazadas en una poética narrativa superficial, parecen sonar como una extraordinaria melodía gramatical cuya tonalidad las hacen parecer irrefutables.

Es un concepto de estética narrativa que, en algunos casos, enmascara todo tipo de falacias insoportables para el concepto de la lógica o contribuye a la creación de medias verdades asumidas como realidades.

Frases de cuidada construcción donde adjetivos y conceptos en positivo, recreados en pedantes transformaciones conceptuales,

---

10 Término acuñado por el autor para referirse al arte de hacer aparecer y desaparecer términos del lenguaje en función del interés ideológico y partidista del emisor.

parecen guardar una eficacia narrativa que, una vez descodificados por la razón, quedan desnudos de toda capacidad real para transmitir su idea inicial.

Axiomas, eufemismos, parábolas, símiles, redundancias y toda clase de figuras narrativas de ficción al servicio del discurso ideológico construyen mensajes automáticos con los que llegar a la membrana emocional del ciudadano y, así, conseguir teledirigirle hacia una suerte de discurso único. Una vez ese discurso es consumado y asimilado por una mayoría social, entonces queda legitimado como realidad emocional y, por tanto, como un fuente veraz e indiscutible, donde cualquier atisbo de crítica o duda hacia él condena automáticamente al *apartheid* intelectual, profesional, social y tribal a todo aquel que ose ponerlo en cuestión.

El relato o el discurso se legitima gracias a una estrategia coordinada y estudiada que enfatiza el mensaje y refrenda su valor de manera inconsciente.

La apropiación ideológica de una terminología concreta termina siendo asociada a conceptos de mayorías, imponiéndose así en todos los debates sociales. Por eso cualquier cosa que sea aprobada por la llamada «mayoría» o «inmensa mayoría», entonces, se categoriza como algo correcto.

Hay todo un abanico terminológico de conceptos que, constantemente repetidos y eficazmente utilizados, identifican inconscientemente el discurso. Valores comúnmente utilizados en el discurso, como pueden ser la democracia, el progreso, la justicia, la inclusión, la sostenibilidad o la diversidad, son utilizados arbitrariamente para posicionar el relato en un supuesto lugar hegemónico e incuestionable. Así, se predispone a la opinión pública para que acepte y defienda cualquier norma, solo por haber sido aprobada por una mayoría social, gracias a la bondadosa melodía con la que se construyen narrativamente este tipo de relatos.

Existe todo un proceso de concepción mágica de la palabra donde el término, usado eficazmente dentro de un contexto político y social, termina por legitimar inconscientemente cualquier argumento posible que esté al servicio del objetivo ideológico. Un eficaz proceso de manipulación masiva escondido en una ecuación pedagógica, cuyo objetivo principal es hacer posible que el ciudadano termine aceptando como correcto lo que de cualquier otra forma sería inaceptable.

Del mismo modo, la legitimización del relato se refrenda, a su vez, cuando se realiza desde un entorno que pueda otorgarle una apariencia de oficialidad. Es la llamada parasitación de las instituciones por los emisores del discurso. Esta parasitación institucional es una de las actividades más recurrentes para la imposición de un relato o una causa concretos, pues le da al discurso un envoltorio de oficialidad, veracidad y legitimidad gracias a la reputación o a la carga institucional del entorno desde el que se realiza. Consiste en ir colocándose en los órganos de gobernabilidad de las instituciones para que, afines a una causa o ideología, vayan institucionalizando el discurso hasta convertir una narrativa de ficción en un discurso oficial. Desde este prisma de institucionalidad, el relato es aceptado por la sociedad sin apenas discusión. Se aparenta un mayor grado de veracidad gracias a una aparente oficialidad que legitima la narrativa. De ese modo, una gran parte de las instituciones privadas y públicas de las sociedades occidentales son continuamente parasitadas para, a través de ellas, formalizar discursos que sean asumidos más fácilmente por la sociedad para ser asumidos como verdades absolutas que se solidifican en el argumentario popular.

Pero ¿es el relato político el que forma la opinión pública o es la opinión pública la que forma el relato político?

El dilema es complejo, pues la dependencia que sufre el relato de la opinión, y viceversa, hace que se desarrolle una espiral de autodependencia proclive a enmarañar la ecuación. Es un camino de doble dirección con una perfecta estructura de retroalimentación. De esta interdependencia, nace el lenguaje popular o la narrativa populista.

La que se arrodilla ante las presuntas necesidades del bien común agitando los más bajos instintos de la condición humana y desbrozando una terminología incendiaria, mientras aprovecha la fragilidad de una sociedad que se siente amenazada tanto por lo imaginario como por lo real.

El relato populista despierta en tiempos de mayor incertidumbre, en momentos donde la ofensa se extiende como una mancha de aceite y el espacio social está predispuesto a alimentarse de mensajes profundamente irracionales, psicológicamente subliminales y extraordinariamente pasionales. Estos discursos enraízan directamente con el sentimiento tanto de culpa como de injusticia, ofensa o indignación, surgidos de determinadas situaciones psicosociales que suelen verse alimentadas por momentos de fragilidad económica, inestabilidad territorial o agitación política o espiritual. El relato político de corte populista clava sus garras en un individuo que se siente desprotegido por el sistema y siente estar donde no le corresponde. La narrativa de la victimización aprovecha esta circunstancia, para introducirse como un aguijón afilado en el cuerpo del propio discurso, agitando las emociones hasta alterar, e incluso anular, los estados de conciencia y discernimiento individual. El estado de angustia y desasosiego produce un campo extraordinario de cultivo para asimilar los relatos populistas que acusan al individualismo por su fragilidad, y le hacen creerse incapaz de enfrentarse al conflicto en su totalidad sin mimetizarse en lo tribal.

De ahí que los relatos político-populistas de toda condición ideológica busquen la colectivización total para anular el sentimiento trágico de la vida que emana del pensamiento individual. La esencia fundamental del ser humano es primitiva y antepone, ante todo, la supervivencia de la especie. Primero del individuo y luego de la comunidad, por lo que cualquier estímulo que represente una amenaza, ya sea imaginada o real, es aprovechado por la narrativa de la ficción para generar un modelo de historia catastrofista que inventa un futuro donde la especie se aproxima a una especie de extinción. Así, la utopía se disfraza de posibilidad alentada por discursos que enaltecen la conciencia de una injusticia social. La lucha entre clases, el odio entre ideas, el rechazo al argumento diferente o la construcción de un espacio de confrontación entre formas de entender el mundo y sus posibilidades son el abono incandescente desde el que construir la narrativa de la agitación social, convertida en una especie de lucha interminable desde la que escaparatizar las frustraciones individuales y colectivizarlas para el beneficio de unos pocos.

Mientras el populismo arrecia aferrándose a la agitación de las emociones colectivas en tiempos de escasez económica e intelectual, otra suerte de movimientos hiperideologizados fundamentan su construcción y su argumento en nada más que la utilización del relato de identificación colectiva para poder construir su propia historia. Los nacionalismos, por ejemplo, comen directamente del corazón que late en ese discurso identitario. El mismo que alimenta la intensa necesidad humana de identificarse con un elemento tribal, con las costumbres, las lenguas o los límites territoriales en un determinado contexto. Bebe de las fuentes de lo más emocional del discurso político, donde el ciudadano, como ser individual, se siente incapaz de afrontar los grandes retos de la vida por sí mismo. El miedo a sentirse aislado, en una sociedad cada vez más obsesionada con el sentimiento de pertenencia al grupo como única forma de afrontar las vicisitudes de la existencia, genera una suerte de pánico social que origina la muerte directa de la razón.

La democracia termina siendo un juguete retórico con el que intentar despertar un estado emocional al ser continuamente pervertida como argumento principal que legitime un discurso supremacista con el que, desgraciadamente, toda ideología termina sintiéndose representada.

La construcción del relato ideológico a través de la narrativa ficcional consigue crear posiciones de identificación sectorial. Se necesita un conflicto, real, imaginario o construido de manera inducida, para poder llegar a la estructura narrativa del cuento o fábula.

Algunos filósofos como Chantal Mouffe[11], en su intento de analizar la crisis de los pensamientos de izquierda en la década de los sesenta y tras la caída del muro de Berlín, defendían activamente que la democracia no podía existir sin el conflicto, y que el individuo, como entidad, es esencialmente antidemocrático. Aceptando esta premisa, entendemos la justificación que convierte la narrativa de la ficción en el motor fundamental del relato político contemporáneo. Primero, porque se entiende la democracia solo desterrando la capacidad individual en favor de un proceso pasional de identificación colectiva y, segundo, porque el fundamento esencial sobre el que se sustenta la narrativa aristotélica y universal en la dramaturgia y la ficción es que sin conflicto no hay historia.

El conflicto es el corazón de la propuesta narrativa en toda su dimensión. Sin él, es imposible entender el relato desde el punto de vista protagonista/antagonista. El conflicto ejerce la fuerza motriz por la que un suceso se convierte en una historia capaz de ser contada, y en la cual el espectador toma partido posicionándose en el lado correcto, desde el campo ético, moral y político. Para ello, el espectador pasa a convertirse en parte activa del argumento encendiendo sus emociones para identificarse con uno de los lados en conflicto.

La vinculación indisoluble del modelo democrático con el conflicto social es una herramienta utilizada fundamentalmente por las ideologías de la izquierda global para atomizar el discurso entorno a la agitación emocional gracias a un proceso de identificación que se corona en un supuesto supremacismo moral, ético e intelectual.

11 Filósofa de origen belga conocida por sus textos fundacionales del llamado posmarxismo y su concepto de democracia radical.

Del mismo modo, el conflicto social originado en la pobreza individual ha sido la herramienta fundamental del discurso de políticas conservadoras para justificar la creación de riqueza capital, como el argumento monolítico en el que sustentar el discurso político-emocional.

El espectador es invitado a posicionarse ante el dilema que plantea el conflicto y, por tanto, se establecen unos rasgos determinantes con los que se visten al protagonista y al antagonista ante el suceso narrado.

Si una sociedad ha terminado por asimilar, comprender y aceptar la narrativa de la ficción gracias al consumo masivo de historias en las plataformas digitales, ahora, esa forma de comunicación ficcional se pone al servicio de la política para conquistar sus intereses. Una suerte de *neomarketing* de las ideas gracias a la netflixización en el aprendizaje social.

Es aquí donde podemos reconocer cómo la ideología pretende arrogarse el supremacismo intelectual, ético y moral que la posiciona directamente en el lado correcto de la capacidad de bondad humana en toda su extensión. Se produce aquí una especie de conquista territorial y estratégica de la verdad a través de la utilización hegemónica de la narrativa ficcional, donde buenos y malos quedan identificados rápidamente de una manera categórica y extrema. Todo lo que quede en medio será desterrado al grado de lo innecesario, pues cabe recordar que la moderación es el más firme enemigo del conflicto narrativo de ficción. La ausencia de un conflicto fuerte, eficaz y poderoso representa la muerte de la ficción narrativa.

La batalla por adueñarse de la hegemonía del discurso y de la agenda comunicativa es clave para entender la imperiosa necesidad del uso de la narrativa de la ficción para vencer en la batalla cultural, ideológica y estructural.

El relato político hace tiempo que busca la hegemonía ideológica y cultural, a la que se llega por dos caminos diferentes y antagonistas: o por la violencia, o por la elocuencia. El lenguaje político puede ser agresivo, pero es el muro de contención que separa la disputa ideológica de la violencia y el enfrentamiento físico.

Y es que apropiarse de algo de manera hegemónica siempre conlleva cierta agresividad simbólica[12] en la acción de conseguirlo.

De este modo, el concepto hegemónico que se origina en el discurso de Antonio Gramsci[13] reconstruye el concepto de la dominación de la sociedad por una clase cuya visión del mundo se ejecuta de manera contundente y feroz, al apropiarse del objetivo del progreso común a través de las ideas culturales que conforman una percepción unitaria del entorno.

Entonces, el relato ideológico se convierte en un devorador de conceptos y de términos que sirven para construir una percepción absolutamente inequívoca de la posibilidad de mejorar el mundo a través de una norma aceptada de manera radical por una ideología dominante, que se posiciona en el todo de manera hegemónicamente aceptada como algo que debe perpetuarse en el poder, porque beneficia el desarrollo colectivo de manera indiscutible. Se colectiviza el bien común para canalizarlo en un relato único que fagotiza las costumbres, las ideas y el imaginario cultural de la comunidad. Se impone el dominio político del Estado a través de la norma, que se impregna de lo ideológico para tutelar e hipnotizar a la población a través de un ilusorio progreso que genera la expectativa del bien. Todo, gracias a un relato del que brota un mensaje acumulador de derechos, avances, capacidades, conquistas, evoluciones,

12 Pierre Bourdieu ya ejecutó el término «violencia simbólica» para tratar la dominación hegemónica de la sociedad que conecta con la tesis de la hegemonía cultural de Gramsci.

13 Uno de los fundadores del partido comunista italiano. Considerado, además, un importante teórico del marxismo. Fue fundamental en la construcción del concepto original de hegemonía cultural en el contexto de la sociedad moderna.

transformaciones y derogaciones que se envuelven en un marco de poesía narrativa por la cual el verso se convierte en verdad y la rima, en dogma.

De ese modo, la apropiación del término o de la terminología se convierte en una de las reglas fundamentales de la dominación hegemónica del discurso para la política-ficción. De ahí que algunos conceptos, como el de la democracia, sean manoseados y aglutinados de manera continua y constante por un sector del discurso político contemporáneo.

Dicha apropiación del término y todo su significado cosmológico construyen el camino hacia un supremacismo ideológico y, por tanto, hacia el espacio de lo hegemónico. Si el conflicto es imprescindible para edificar una historia en el marco de la ficción, el término es la herramienta que ejecuta la capacidad de contarlo mientras se generan estados emocionales que posicionan al espectador en un contexto frente a la propia historia.

El uso del término debe ser eficaz, concreto y resolutivo. Su uso correcto es un cuchillo afilado para la carne del inconsciente. Es una sierra mecánica en el tronco emocional donde se fabrican los conceptos más simples que predisponen al ser humano hacia un modo de pensar, entender y posicionarse en el entorno. Con el término, podemos despersonalizar y demonizar al rival político. Agitar o alterar estados emocionales. Penalizar o despenalizar actitudes y comportamientos. Condenar y absolver acciones. Entronizar o manchar. Rechazar y enamorar. Destruir o reconstruir. El término concede la sensación de estar en la razón y, por tanto, posicionarse automáticamente en el lado correcto de la historia, que, como hemos repetido varias veces, es el objetivo final de todo relato político de la ficción narrativa.

El proceso de apropiación del término es donde verdaderamente se construyen los relatos determinantes que generan una impronta colectiva de identificación hacia lo ético y lo moral, lo correcto y lo incorrecto. Lo hacen a través de su propia existencia y de su manera de ver y ejercer un rol en el mundo.

Por eso, la democracia, como término supremo y fundamental en el que se engloba el bien común del imaginario colectivo, ha quedado enfangada y atrapada en un discurso abusivo en el que su concepto intenta ser apresado de manera hegemónica por el relato político.

No hay discurso político actual que no se apropie del término. No hay relato político que no lo utilice a favor de sus intereses arrogándose el concepto en su totalidad para colocarse en la opción correcta de la batalla ideológica. En su nombre, en el de la democracia, la narrativa de la ficción política edifica templos de fe al servicio de las ideas. Todo se engloba en un concepto democrático. Bajo su paraguas imaginario, se legitima lo ilegítimo y se bendice lo maldito. Se vende lo imposible, se justifica lo injustificable y se aprueba lo improbable.

George Orwell ya escribió en 1946: «El lenguaje y los escritos políticos son, ante todo, una defensa de lo indefendible»[14].

La democracia se pervierte para imaginarla como una llave mágica que todo lo abre en el discurso ficticio de la política del engaño. Narrativamente, sirve para posicionarse en el lado bondadoso de la condición humana. Sobre ella, se invocan los argumentos para disfrazar la *falacia ad populum*[15] y toda clase de perversiones retóricas. Es el comodín que toda narrativa de la ficción saca cuando el argumentario es indefendible, confuso, frágil, incoherente o falaz. Es la capa de chocolate que recubre el amargo ingrediente que conforma la política-ficción.

Y aunque conquistarla *de facto* ha llevado siglos de lucha y sacrificio, destruirla con la palabra solo lleva lo que tarda en fabricarse un mal relato.

14 Del ensayo titulado *La política y el lenguaje inglés*. Orwell, George, 1946.

15 Adjudicar a un argumento cierta legitimidad al respaldarse la afirmación sobre una supuesta aprobación mayoritaria o el respaldado de una supuesta mayoría.

La mayor evidencia de que todo se lee desde la narrativa de la ficción es que cualquier evento o suceso se analiza o discute desde una lectura ideológica en el espectro mediático, popular o institucional. Esto ocurre debido a que hoy se asume la política de la ficción como una absoluta realidad y, por ese motivo, la cultura de la apropiación terminológica termina siendo el elemento fundamental para entender el funcionamiento de la nueva narrativa política que se construye en el imaginario colectivo a través del término y la palabra.

De ahí que algunos términos sean profundamente politizados y utilizados para aglutinarlos en un discurso único e indivisible que sirva a una tendencia ideológica concreta. Se produce así una nueva revisión del lenguaje popular que produce una perversión de este para producir conceptos gramaticales que terminan siendo aceptados como premisas indiscutibles por la masa social.

Una cascada de eufemismos, redundancias, contradicciones, reiteraciones, circunloquios y oxímoros[16] es creada, propuesta y recomendada en los nuevos manuales de comunicación, utilizados tanto en el mundo de los medios como en el de las instituciones, de los colectivos y de las empresas para moldear el lenguaje y, con él, la sociedad. Es el procedimiento de la terminología del engaño a través de una retórica mágica y virtual.

Vivimos rodeados de conceptos narrativos aceptados socialmente y que van construyendo, desde el inconsciente, una aceptación colectiva y hegemónica de una idea positiva, siendo adjudicados y asociados *de facto* a determinados movimientos o ideales políticos que los han aprovechado eficazmente para edificar en el imaginario su posición en el campo del conflicto político-social.

---

16 Figura retórica que consiste en usar dos conceptos de significado opuesto en una sola expresión para generar un tercer concepto que produce un significado de aprobación inconsciente.

Así, conceptos como «gran mayoría», «discriminación positiva», «justicia social», «cordones sanitarios», «mayoría social», «tolerancia cero», «desarrollo sostenible» o «cambio climático», entre otros, inundan los manuales de comunicación empresarial e institucional, además del discurso mediático, educativo y político global, para formar un argumentario hegemónico que dé paso a una escenografía conscientemente asociada a la política-ficción.

Del mismo modo, la proliferación del llamado lenguaje inclusivo y de términos narrativamente certeros en la construcción ética del inconsciente social, como la sostenibilidad, la inclusión, la diversidad o el progresismo, trata de potenciar un concepto ilusorio de la realidad, para ajustarla a un contenido de pseudoficción adquirido que, de manera dirigida, pronostique y configure comportamientos correctos e incorrectos en el entorno. De esta manera, la legitimidad de su uso confiere una armadura narrativa frente a la crítica y un arma letal en el combate social.

En definitiva, este tipo de apropiación terminológica es esencial para la narrativa de la ficción poderosa con la que trabaja el relato político actual. Esto se ejemplifica de manera paradigmática en el concepto de hegemonía cultural a través del control del lenguaje como la herramienta más incisiva y eficaz a la hora de conformar estados emocionales de identificación moral dentro de la batalla por el discurso social y cultural.

Las estrategias de comunicación marcan la pauta en toda su extensión a la hora de programar el lenguaje para la aceptación colectiva de cambios agresivos en el entorno. Asimismo, la narrativa se convierte en algo esencial para suavizar contextos violentos para la población, por lo que describir situaciones injustas para el bien común termina disfrazado nuevamente por la construcción consciente de una narrativa fantasma y eufemística. Los llamados recortes (reformas estructurales), las subidas de impuestos (presión fiscal), la pérdida de libertades individuales (planes de seguridad) o las prohibiciones al libre consumo o movilidad, culpando al ciudadano de su conducta con el entorno natural, se argumentan en teorías económicas, climáticas, geoestratégicas o sociales que entremezclan el discurso del pronóstico, de la ficción, de lo real, del análisis y de la suposición, para posicionarse hegemónicamente en la percepción psicosocial.

La dualidad conceptual de los términos también es una herramienta eficaz para la reconstrucción de una nueva mentalidad social.

Conceptos referenciales para denominar el conjunto de los ciudadanos se sustituyen por el de ciudadanía, que se enfoca en trasladar de manera consciente un marco colectivista que anula al individuo dentro de la comunidad.

La construcción hegemónica del relato ha sido, durante siglos, una actividad casi exclusivamente practicada por las ideologías de izquierdas. Alimentando y cuidando sus referentes filosóficos, culturales y políticos, encontraron en la batalla por el relato el eficaz ariete con el que posicionarse como una prioridad en una gran parte del imaginario colectivo.

Muchos han sido los teóricos que llamaron la atención sobre la importancia del lenguaje para deconstruir y reeditar realidades que proyectaran conceptos éticos y morales comúnmente aceptados, gracias a un discurso prefabricado y dirigido que pudiera identificar al receptor con el lado correcto de la historia.

En la revolución francesa, empezó una acción de apropiación consciente de la terminología por parte de la izquierda política, social e institucional. Libertad, igualdad, laicismo y fraternidad fueron los referentes que integraron un discurso en busca de libertades y justicia que ya, desde ese momento, emparejaba el universo de la ideología con la corrección moral. Un siglo después, con la llegada de la industrialización y la abrumadora formación de las grandes urbes, que dividían y condenaban físicamente a los barrios pobres en espacios aglutinadores que acrecentaban la segregación social, volvió a estallar la colectivización en los estratos sociales más bajos, liderando, a través de la narrativa, la lucha obrera y los derechos de las clases trabajadoras. La clase obrera, en su condición de mano de obra barata y oprimida ante unas condiciones laborales precarias, recupera el ámbito moral de la terminología para construir el necesario espacio de los derechos de los trabajadores, que quedan, de nuevo, referenciados en el marco de la izquierda ideológica. Nace así la llamada lucha obrera y los derechos laborales y de sufragio universal, que se unían al diccionario del discurso hegemónico de la libertad, igualdad y la fraternidad asumidos un siglo atrás.

El periodo de las dos guerras mundiales surge fundamentalmente en un contexto político determinado por conflictos geoestratégicos y territoriales al albur de los movimientos nacionalistas en una Europa posromántica. Fue en las dos guerras mundiales cuando se llegó al paradigma del relato narrativo puesto al servicio de una política belicista, segregacionista y fundamentalmente emocional. El auge de los nacionalismos, una de las corrientes más necesitadas de una épica narrativa con la que aglutinar a la masa social, entendió y perfeccionó la técnica del discurso en torno a una identificación territorial, lingüística e historiográfica que, envuelta en un relato emocional, se diluye entre la leyenda y la costumbre utilizando el miedo a lo externo y la defensa de lo propio, como un conflicto urgente y prioritario.

Tras la devastación de los dos conflictos armados, y el lento resurgir de Europa con los planes de reconstrucción socioeconómicos, aparece en los años sesenta una época de convulsión emocional, de profundo carácter reivindicativo, que aglutina una amalgama de movimientos revolucionarios, inconformistas y colectivistas que asumen y asimilan la lucha por la hegemonía cultural de la izquierda. Los años sesenta y setenta fueron la cúspide de los procesos revolucionarios donde los dos sistemas antagonistas surgidos de la derrota alemana en 1945 luchaban entre posicionamientos tácticos y dialecticos por imponerse el uno al otro. Movimientos como el pacifismo, las revueltas estudiantiles, el anarquismo, el nihilismo, el existencialismo y toda una eclosión revolucionaria de rechazo y cuestionamiento a los sistemas y valores que se impusieron tras la contienda mundial abrazaron y encontraron en las nuevas corrientes filosóficas, literarias y artísticas una nueva narrativa que eclosionó en las calles y formó relatos emocionales e identitarios que hundían sus garras en el profundo inconformismo y reformismo con el que generaciones enteras empezaban a sentirse identificadas. Fue el primer reconocimiento de la expresión artística al servicio de la protesta social que, gracias una narración psico-ficticia, nacía para reivindicar una ruptura con la antigua moralidad e intentar despertar conciencias colectivas con un mensaje de progreso pero que, de nuevo, estaba al servicio de la ideología. Con un discurso aparentemente reciclado, de nuevo, la izquierda ideológica y social había conseguido posicionarse en el lado correcto del relato, adecuando el discurso para apropiárselo de cara al ideario colectivo y sumar, otra vez, nuevos valores narrativos al servicio de la causa.

Es así como, en este contexto temporal, el ideario conceptual progresista se amplía ya al campo de la comunicación social, del espacio cultural y del entorno estudiantil e intelectual. Además, se da cuenta de su exclusiva capacidad para incluso asumir la dualidad de un discurso antagonista, como es el pacifismo, pero también el de la violencia popular, justificada eufemísticamente en el concepto de la revolución social al servicio del pueblo y contra la tiranía del Estado capital.

La violencia ha sido abrazada por algunos marcos ideológicos como única solución a diferentes conflictos sociales, territoriales y económicos, argumentando que, debido a la incapacidad colectiva de conquistar a través del relato o la razón, solo cabe la opción de hacerlo a través de la imposición de la fuerza. Esta legitimización de la violencia ha sido enmascarada una y otra vez gracias a la narrativa de la ficción, y ha construido un argumentario visceral donde las emociones se ensalzan como único remedio a la incapacidad de la respuesta racional. La revolución es el término mágico[17] desde el que se construye el texto y el mensaje con el que se justifica y defiende el uso de la violencia como medio de conquista social. El uso de los términos mágicos para mitigar la carga conceptual del significado, o para aglutinar en ellos un relato hegemónico desde el que fundamentarse, es una de las claves narrativas a la hora de construir los discursos con los que se quiere gobernar.

Resurgieron, de nuevo, los discursos narrativos laicistas que se enfrentaban abiertamente a la retórica de la visión católica, firmemente asentada en Occidente gracias a los textos bíblicos y evangélicos, paradigma de los relatos de la narrativa de ficción, que habían estado funcionando eficazmente y de manera incuestionable desde hacía miles años. La batalla narrativa se extendía ahora, incluso, para cuestionar el dogma de la fe en el terreno de las pulsiones más arraigadas en la esencia de la existencia, e introduciendo la duda en el único relato verdadero de ficción que, durante siglos, se había encumbrado a la categoría de verdad absoluta por una Iglesia que, ahora, se veía cuestionada en forma y fondo.

La homogeneización del espacio terminológico avanzaba. Libertad, igualdad, fraternidad, sufragismo y lucha obrera. El pacifismo, la posibilidad de ejercer una violencia justificada a través de la revolución. La apropiación del entorno cultural, docente e intelectual y la colectivización como bien social ya eran una realidad.

Tras los convulsos sesenta y la caída del muro de Berlín, el posmarxismo se encarga de repensar el papel hegemónico de las ideologías desde la transformación social. A pesar de que eran los dueños de prácticamente todo el argumentario que

---

17 Término acuñado por el autor para referirse a determinadas palabras o conceptos que son usados como referentes fundamentales en el discurso. En ellos está el ánimo de camuflar, disfrazar, potenciar o enfatizar un mensaje que, de otra manera, sería más difícil de asimilar por el público al que va dirigido.

posicionaba el discurso de la narrativa política a su favor, la caída de los Estados comunistas en la Europa del Este y la ruptura y posterior balcanización de la unión soviética cayeron como un jarro de agua fría en el proceso de la construcción social a través del relato. La irrupción de un capitalismo feroz hacía peligrar la consistencia del argumentario de la lucha de clases, que se percibía obsoleta frente al ya bautizado estado del bienestar, abriéndose paso para ampliar la llamada clase media europea y ponerla frente al escaparate de progreso global.

Así, se justifica la creación de una nueva narrativa que rebusca en el espacio de las minorías un nuevo caladero donde agitar la bandera de la nueva revolución. Se dispara el relato de la identificación moral, por el cual se pretende que los colectivos busquen en su esencia símbolos de identificación que eclosionen en una lucha reivindicativa de derechos históricos, originada a través de un discurso de relación entre la victimización, la persecución y la opresión. Nace de nuevo, gracias al relato hegemónico y unidireccional, la necesaria relación entre opresor-oprimido, en la que se sustenta el conflicto necesario para avivar la llama narrativa de la política emocional.

El indigenismo libertario, la reivindicación de las minorías identitarias hasta entonces invisibles, un nuevo feminismo occidental, que surge, entre otras variantes, por la lectura del entorno contemporáneo a través de una visión conflictualizada entre géneros. El ecologismo y el neoecologismo digital, la transexualidad, los nuevos espacios de pensamiento nacionalista e independentista. El posrrepublicanismo, el animalismo, el anticapitalismo, el antiespecismo, la deconstrucción del modelo familiar tradicional y las nuevas formas de lucha narrativa por el espacio de poder informativo conceden un nuevo argumentario que aglutina, definitivamente, un espectro terminológico tan amplio, que ha terminado ocupando para la ideología de la izquierda universal casi todo el espacio mediático y escenográfico del discurso político y emocional en toda su dimensión.

Todo este espectro terminológico termina siendo asimilado por el imaginario social como un espacio que se autoidentifica automáticamente con el progreso social, y, por tanto, se percibe en el lado correcto de la historia.

Es evidente que, durante siglos, ha sido esta ideología la que ha construido en exclusiva una hegemonía sobre el relato político social a través de la apropiación del término con el que se ha construido un entramado narrativo de interrelación conceptual entre la causa y el discurso o lo ético con lo identitario.

El relato de la ficción política o la narrativa de la política-ficción crea premisas y conceptos que se desarrollan aleatoriamente, para introducirse en el inconsciente colectivo e individual, buscando la identificación primaria con el mejor modelo de supervivencia grupal. Por eso, es tan importante adueñarse de la terminología y modificar el léxico en función del interés ideológico.

Todo se formula con el objetivo de adueñarse del discurso para poder controlar el uso del pensamiento, el mensaje subliminal, las costumbres sociales y la ideologización en la percepción del entorno. Si creamos ignorantes agradecidos (la destrucción y adoctrinamiento a través de los sistemas educativos) y las instituciones no pueden juzgarnos por ello (control de los sistemas de los poderes legislativos y judiciales), se gobernará imponiendo criterios *a priori* inasumibles (la construcción narrativa de un relato ficticio) gracias a un discurso único e irrebatible (la manipulación de los medios de masas e institucionalización sutil de la censura) para imponer ideologías definitivas e incuestionables (autoritarismos encubiertos y disfrazados de democracias), mientras la población aplaude por haberles dado un relato que han asumido como propio gracias a la ignorancia del principio (la narrativa de carácter populista).

La política de la ficción ya había llegado. Pero el consumidor ahora ya no sabe distinguir la realidad de la ficción por la proliferación abrumadora de los canales de comunicación, mucho más directos y agresivos para contar historias.

El relato se expande gracias a la alfabetización audiovisual que el mundo ha asumido, y ahora todos quieren que todo, lo malo y lo bueno, se les cuente en forma de cuento. Porque el relato, siendo el mayor estímulo pasional, convierte al votante en un horno más visceral que nunca. Es la sociedad de la emoción, que lucha por derrocar a la sociedad del pensamiento.

El profesor José Vidal-Beneyto afirma que «la práctica de contar historias es una nueva modalidad de comunicación que actualiza las estrategias de persuasión y desarrolla y profundiza las técnicas de la propaganda, utilizando los recursos del universo narrativo para crear una estructura receptiva y un clima emocional favorables al logro de los objetivos de quien los utiliza»[18].

Si el «relato» (como técnica de *marketing* y como ficción) consigue sustituir al «proyecto» político en un entorno cada vez más dependiente y condicionado por los medios de comunicación, puede ser el fin de una democracia que sustituye el suceso real y por el suceso ficcional.

Del mismo modo, Javier Redondo[19] alerta de que, «frente al pedagogo político, se sitúa de nuevo el seductor mediático, que tiene una concepción de la política basada en la química, en el *feeling*». Es el espacio de la política actoral o el político *star*, que asume un papel escenográfico donde el conjunto de herramientas al servicio de la seducción completan un personaje de semificción que relata un discurso cinematográfico para contar la realidad, y deformar la percepción de esta en el pensamiento global.

Redondo pone como ejemplo la videopolítica (política reducida al poder emotivo de la imagen), que resucita la propaganda o multiplica la demagogia «porque se acopla perfectamente al

18 *La política del relato*. Antoni Gutiérrez Rubí.
19 Javier Redondo. «La videopolítica contra la razón democrática». (*El Mundo*, 13.01.08).

medio de difusión, internet, donde el individuo apresurado busca su propia inyección de pseudoinformación».

Cuando las ideologías se dedican a tutorizar el comportamiento de los seres humanos imponiendo un código de conducta y pensamiento, solo pueden hacerlo a través del relato si quieren prescindir de la fuerza. Si los medios de comunicación se dedican a dictar sentencias retorciendo la realidad para imponer una verdad prefabricada, lo hacen siempre desde el relato. Cuando todo el mundo piensa estar sistemáticamente en el lado bueno de la historia, lo hace porque ha fabricado y asumido su propio relato.

La narrativa de ficción trabaja en la dualidad entre el texto, lo que se cuenta y queda a la vista en la superficie, y el subtexto, que es el mensaje que subyace escondido en las profundidades que no vemos, es decir, lo que se dice, pero no se cuenta. No es baladí que, desde hace un tiempo, la política institucional y, sobre todo, algunas ideologías colectivistas y reivindicativas basadas en el proceso de identificación tribal hayan encontrado en la narrativa de la ficción la gran herramienta para fabricar sus discursos y relatos, consiguiendo un eficaz efecto de sobreimpresión en la emoción del conjunto social.

En ese sentido, poder ejercer una vista de halcón cada vez que se consume una noticia o discurso es un ejercicio fundamental para poder entender el sistema de manipulación masiva a través de los ingredientes fundamentales con los que se determina la misma: el ciclo-conflicto, la identificación tribal protagonista/antagonista, hoy víctima/verdugo, el miedo a la ausencia y la falacia aceptada gracias al ejercicio de la comunicación constante.

La guerra convencional, física y violenta, quedará ya circunscrita a focos territoriales determinados, generalmente cada vez más pobres y con menos recursos debido a la falta de sistemas eficaces de educación elemental y la ausencia de aspiraciones individuales más allá de la mera supervivencia común.

En el mundo de la sobreinformación digital, de base hedonista y onanista, las batallas son narrativas, y las armas son los relatos que emanan de un *storytelling* cuya construcción, cada día más exquisita, pero no por ello compleja, es mucho más letal y devastadora que cualquier arma convencional.

El juego político convierte a quien lo ejerce en una especie de flautista de Hamelín cuyas embaucadoras notas hacen del ciudadano una suerte de roedor hambriento de esa melodía que surge en la flauta y que fabrica un relato rítmico de corte argumental.

En la estrategia de la narrativa de la ficción para la construcción de la política actoral, se produce la asimilación del estímulo visual como el elemento esencial del discurso. Es lo que podríamos llamar, desde una teoría narrativa del relato, la política parche.

Las políticas parches focalizan sus decisiones, no la eficacia objetiva de resultados tangibles, en estímulos visuales y simbólicos que, complementados con una narrativa emocional, buscan la conexión empática del ciudadano con el discurso en una suerte de hipnotismo colectivo desde la fuerza disuasoria y embaucadora del poder de la imagen. Es la fuerza de lo iconográfico para potenciar las emociones. Por ello, es común ver cómo las políticas occidentales se han convertido en un rodillo obsesionado por controlar el discurso, los medios, la información, el escenario, la bandera, el argumento, el término, la palabra y la imagen. Por eso, esa obsesión por tomar la calle, controlar el colectivo, las minorías, las escuelas, los libros, las redes sociales y la industria del ocio y el entretenimiento. Es la política escenográfica, que impone una nueva cosmovisión del mundo a través de una nueva moralidad y un nuevo modelo de conducta y pensamiento, con una cierta vocación totalitaria. Todo, al servicio de una hiperideologización global que desprecia la verdad natural gracias a una narrativa que, recubierta de una carga de ética simbólica y visual, se impone en la masa social a través del proceso de autoidentificación con la ficción/realidad, y se percibe en el lado amable del conflicto político.

Bienvenidos a la era de la política-ficción y a su poderosa capacidad de persuasión.

Donde, casi siempre, gana quien cuenta la mejor historia.

Capítulo 3
LA NARRATIVA APOCALÍPTICA DEL MIEDO

Cómo se construyen los relatos con los que nos quieren asustar

«No se debe confundir la verdad
con la opinión de la mayoría».
Jean Cocteau

El miedo es una construcción de la mente. Y la mente es el motor del mundo. Si la gente tiene miedo, la razón se disipa. El instinto toma las riendas. La emoción se desborda. Y el lenguaje se vuelve un cuchillo afilado. El miedo es una puerta abierta para el discurso. Porque en el miedo la mentira encuentra su mayor aliado.

Los sucesos inesperados que ponen en cuestión el sistema social y la propia supervivencia de la especie, como pueden ser los conflictos bélicos, una pandemia global o unos que generan un *shock* emocional por la carga simbólica de sus consecuencias, son campos donde eclosiona la sensación de vulnerabilidad del ser humano.

Conflictos o sucesos mediatizados que le recuerdan a la sociedad su frágil condición y la esencia mortal de la existencia.

En un mundo cada vez más interconectado, donde un estornudo en Laponia se cuenta en directo a través de una pantalla que llega a todo el planeta, la inmediatez del suceso pone al individuo en un estado de alerta que lo hace cada vez más consciente de sus limitaciones.

Una sociedad que demanda cada vez más control es incapaz de convivir con la incertidumbre natural de la condición humana: su mortalidad.

Hipnotizados por el discurso institucional, que pretende presentarse ante la sociedad como un refugio para el colectivo, los ciudadanos reclaman constantemente espacios seguros, trabajos seguros, relaciones seguras, transportes seguros, bancos seguros, comunicaciones seguras. Queremos un mundo seguro. Queremos lo imposible.

Pero lo imposible puede hacerse falsamente posible a través de la narrativa de la ficción, porque la ficción es la mentira disfrazada de una ilusoria realidad.

La narrativa tiene un sistema dual, pues sirve tanto para construir el miedo como para vender una falsa seguridad que, en realidad, suele esconder, en muchos casos, una propuesta de sobrecontrol social para anular libertades individuales que, de otra manera, serían imposibles de asumir.

La narrativa emocional es una construcción dramática y escenográfica de carácter psicomental que sirve para fabricar relatos con una estructura simbólica, teniendo como objetivo crear tendencias y estados emocionales que generen posiciones ideológicas o estados de opinión masivos. El relato es especialmente eficaz cuando la población se encuentra en un estado de vulnerabilidad, insatisfacción y sensibilidad que la predispone a un estado de fácil permeabilidad hacia el discurso de la agitación.

El grado de receptividad se incrementa de manera exponencial ante cualquier acontecimiento que genere un nivel de inquietud suficiente para sentir en peligro el *statu quo* social. La narrativa apocalíptica del miedo, o narrativa de la tensión[20], utilizada para plantear escenarios difusos de peligro inminente o incertidumbre global se enfrenta directamente con el narcisismo colectivo, que exige a la existencia un perpetuo estado de felicidad automática a través del hedonismo emocional.

La aparición de sucesos inesperados que nos recuerdan el carácter frágil y perdurable de la existencia humana genera un pánico atronador que lleva a una sensación de desprotección. La reacción inmediata es buscar amparo institucional o tribal, fomentando un espacio ideal para la construcción de un entorno proclive a comprar cualquier narrativa si es para refrendar una falsa sensación de seguridad.

La historia de la sociedad está formada por un cuerpo lleno de heridas que no dejan de supurar en el tiempo, repitiendo, de manera intermitente, patrones de conducta aprendidos en el miedo.

El instinto automático de control social por parte de Gobiernos, Estados, medios de comunicación, multinacionales o instituciones genera discursos de identificación tribal gracias al estado de alerta emocional. Una sociedad atemorizada termina identificándose en masa con el poder subyugante. Es una especie de bunkerización social, donde el ciudadano se siente protegido al amparo de la simbólica fortaleza en la que pretenden convertirse los Estados.

Desde el suceso, surge el conflicto y, ante este, la construcción narrativa para contarlo.

Cada vez es más evidente la amalgama de conflictos que surgen entre culturas, clases sociales o sistemas de colectivización hiperideologizados que deciden imponerse a través de todo tipo de movimientos estratégicos de comunicación ficticia.

---

20 Término del autor para identificar los relatos que se sustentan en la fabricación consciente de estados de alteración global a través de la sensación de miedo, vulnerabilidad y peligro ilusorio, ficticio o imaginado.

Las sociedades se desangran por la herida de la vulnerabilidad. Una sensación de peligro constante surge ante los estímulos y la información imparable que la rodea y la agota. Ante esto, se abre paso la necesidad compulsiva de tener razón, proceso que se fabrica gracias a la construcción político-mediática de relatos ficticios que consigan empaquetar ideas de rápida absorción para el imaginario global.

La fabricación del miedo empieza en la narrativa del apocalipsis, que construye lenguajes para predisponer hacia la emergencia psicológica e ideológica. Lo hace con discursos fáciles, certeros y sin complejidad narrativa alguna. El relato es aceptado sin comprobar su veracidad, porque, aunque el inconsciente asume su alto grado ficcional, lo acepta como parte del discurso, pues la emoción se alza por encima de la razón a la hora de asumir la narración.

Si conmueve, es aceptado.

Esta ecuación es el reflejo de cómo la identificación con lo emocional prioriza el hecho ficticio sobre el hecho real. Las redes sociales alimentan esta bipolaridad consciente, donde el consumidor crea al personaje para encubrir al individuo y afronta la realidad con una reescritura ficticia de su propia historia.

El miedo es un ingrediente esencial en la propia narrativa de ficción, pues nace de la construcción de futuribles imaginarios, generalmente catastróficos, por la mente humana. La maquinaria adoctrinadora del lenguaje institucional alecciona con un discurso prefabricado, cuyo mensaje subliminal es el de hacer creer al individuo y a la sociedad que el mundo es un lugar cada vez más peligroso e imprevisible. La asociación del término «conflicto» con el concepto de «peligro» es un error que pretende anular de manera utópica la condición principal de la existencia.

Sin conflicto, no hay historia, pero si algo no tiene historia, es que tiene ausencia de existencia. No tiene vida. Está muerto. Pues la historia es la acumulación de sucesos cronológicos que se desarrollan entre partes durante una relación espacio-tiempo.

En ese sentido, la búsqueda de una fantasiosa conquista de la seguridad total, la cual se genera en una falsa sensación de invulnerabilidad, produce estados de ansiedad y frustración ante la inalcanzable posibilidad de conquistar lo que nunca está por llegar.

Los conflictos armados, las luchas territoriales, las desavenencias institucionales o las confrontaciones ideológicas han estado presentes desde el origen de la existencia. Los conflictos humanos son parte indivisible de su condición, motorizada, principalmente, por un instinto de supervivencia y de perpetuación de la especie que se sustenta en la defensa identitaria de las costumbres, los ritos y las tradiciones que, con el tiempo, se generan dentro de las comunidades.

Los enormes retos que supone enfrentarse a los cada vez más complejos escenarios de geopolítica territorial, económica, migratoria, estratégica y militar, donde la llegada del imperio digital genera avances indiscutibles, pero también peligros desconocidos para la población mundial, están haciendo que la compra de seguridad individual y colectiva sea uno de los más deseados activos en la actualidad.

La seguridad se ha convertido en un concepto abstracto y tremendamente codiciado en una sociedad que, gracias a una predisposición mental, construida en el marco de la narrativa de ficción institucional, asimila y entiende el entorno como un espacio hostil que pone en riesgo su existencia y la perpetuidad.

En ese espacio de incertidumbre global, es donde se construye una ilusoria y urgente necesidad de protección, que se vende desde el argumentario del bienestar común, la protección de las instituciones y la seguridad nacional para, presuntamente, proteger la integridad física y emocional del ciudadano y de la población en general.

La fabricación del miedo, sentimiento primitivo arraigado en lo más profundo de la psique, se ejecuta desde una ficción poderosa, donde la narrativa apocalíptica se receta en dosis con el ánimo de ocultar tras ella la imposición gradual de medidas draconianas que, de otra manera, jamás serían aceptadas. Para la asimilación de este discurso, se trabaja desde el lenguaje, la excusa de hacerlo en favor de una seguridad integral colectiva, territorial, cívica e institucional.

Las comunicaciones interpersonales son grabadas con la excusa de una supuesta seguridad. Las cámaras y los dispositivos de grabación proliferan en los espacios públicos y privados. Los cacheos y los registros indiscriminados se convierten en una práctica habitual. Las prohibiciones de todo tipo se expanden como una mancha de aceite contra una población que, cada vez más, se ve subyugada a un extenso marco jurídico que restringe sus libertades individuales con la excusa de un supuesto bien común. Se acota y delimita incluso, en algunos casos, la capacidad de expresión, amparándose en nuevos conceptos delictivos que, en ocasiones, muestran un trazo tan subjetivo como ideologizado. Incluso, desde algunas instituciones, se pide la cancelación de determinadas opiniones al no estar alineadas con un supuesto comportamiento definido en el marco de la ética institucional o del pensamiento único y uniformado.

Se culpa al individuo, proyectando en él la condición más baja del ser humano, de un futuro apocalíptico y devastador al que hay que anticiparse con medidas de imposición global.

La narrativa del apocalipsis, o el lenguaje del miedo, se refiere a la creación de relatos con un sombrío futuro. Su terminología se regodea en conceptos que empiezan a familiarizarse con el uso cotidiano, lo que les dan un cariz de veracidad y asimilación cada vez más determinante.

Conceptos como «amenaza inminente», «catástrofe inevitable», «calentamiento global», «daños colaterales» o «agresión brutal» se impregnan de un alarmismo global que conduce a un estado emocional de agitación, miedo, temor e inquietud. La terminología no solo acentúa la sensación de riesgo en el inconsciente, sino que consigue asentar el relato en el imaginario de un futuro poco halagador.

El lenguaje es escogido cuidadosamente por los medios de comunicación e instituciones, para enfatizar el conflicto, alimentar las emociones y generar la inquietud que predispone más fácilmente a la compra de la narración.

El lenguaje apocalíptico se vale de la exageración y de la hipérbole, para acentuar la gravedad de la situación. Se convierte en un arma retórica que puede llevar a la histeria colectiva, creando un estado emocional de incertidumbre del que se alimenta y surge su poder.

El miedo genera cierta adicción a la narrativa de ficción por parte del consumidor, lo que supone un gran aliciente para los discursos que lo utilizan para generar crispación, alterar los estados de conciencia social y provocar identificaciones grupales que, si se sienten amenazadas, pueden proyectar odio, rechazo o desconfianza hacia algo o alguien.

La narrativa del miedo es utilizada en el discurso político, fundamentalmente, para desprestigiar al adversario ideológico, haciéndolo responsable de todo el mal posible e identificándolo con el espacio inferior de la condición humana. Así, un futuro apocalíptico se explica desde dicha identificación, haciendo que el rival quede expuesto a la opinión pública como un ente en el que convergen todos los conceptos que destruyen un bien común o colectivo. Se le despoja de su nombre para adjetivizarlo conceptualmente con términos que producen rechazo en la comunidad, siendo asimilados socialmente con el lado incorrecto de la historia.

Se le asignan deliberadamente, a través de la falacia *ad populum* y toda clase de figuras retóricas, conductas, ideales y acciones que, aunque no se ajusten a la realidad, son aceptadas por la agenda comunicativa como verdades indivisibles de su esencia, por lo que se construye un mapa mental colectivo de carácter negativo hacia esa agrupación, persona o entidad. Esta estrategia está extraordinariamente extendida en los discursos políticos occidentales, donde las ideologías se enfrentan en una batalla de épica ficción narrativa, luchando por ocupar un espacio imaginario que, previamente, ha quedado identificado con el lado correcto del conflicto.

Por todo ello, no es de extrañar cómo se inflama la inestabilidad emocional en una sociedad hambrienta de certezas, pero que, al mismo tiempo, es esclava de sus emociones. Una sociedad que parece adicta a un relato de ficción, pero, al mismo tiempo, ansía un entorno seguro y desconflictuado que perpetúe una ilusoria sensación de tranquilidad existencial.

El discurso de la catástrofe y su lenguaje ficticio del miedo es, hoy en día, el corazón argumental de la industria periodística, del escenario político y del ámbito social.

Las noticias, tal y como veremos más adelante, se convierten en una suerte de pequeñas escenografías transmitidas desde la narrativa de la psicoficción. El lenguaje del miedo, por cierto, una de las palabras más utilizadas en la televisión contemporánea a nivel mundial, termina por impregnar todo el argumentario informativo y, por ende, toda la percepción que, del propio entorno, hace la sociedad.

El uso de elementos propios del discurso narrativo de ficción es fundamental para mantenernos cautivos en este escenario apocalíptico. Los sucesos son contados con todo lujo de detalles, haciendo del morbo y la desesperación dos componentes más de la disertación.

Se trata de hacernos partícipes de una película de ciencia ficción. Las imágenes explícitas, la simbología iconográfica, los estímulos visuales de corte alarmante, los relatos personales de víctimas reales e imaginarias, las predicciones catastróficas, los testimonios distorsionados o conseguidos en estados emocionales de alteración postraumática nos mantienen absortos en este cuadro de horror.

Los líderes institucionales exaltan sus discursos desde los púlpitos mediáticos, para disfrazarse de salvadores de los valores comunes y poder ejecutar entonces toda clase de imposiciones a una población atemorizada. De esa manera, los Gobiernos, las instituciones, las empresas y las élites dominantes de todo tipo consiguen convencer a través de un lenguaje dirigido, imponer un control soterrado aprobando decisiones drásticas mientras se mimetizan en el discurso del bien común sacrificando nuestras libertades en aras de la ansiada seguridad global.

Se intenta convencer a la población de que estas figuras autoritarias son la única esperanza en tiempos de crisis económicas y sanitarias. Que lo son en tiempos de guerras, enfrentamientos, inestabilidades, conflictos geoestratégicos e incidentes sociales de toda índole.

Se produce, así, la paradoja del miedo o parálisis de la acción por el discurso. Esta paradoja tiene su base en que, si bien el miedo suscita una respuesta de supervivencia innata que se manifiesta en la predisposición para la lucha o la huida, también puede paralizar y someter al individuo quedando anulada tanto la respuesta consciente como la inconsciente.

La seguridad se encarece cuanto más sube la demanda hacia ella. Naciones enteras disfrazan indecorosamente su relato a favor de la seguridad nacional o supranacional, para disparar, incluso en tiempos de crisis económicas, el gasto en armamento y aumentar de manera exponencial los ingentes beneficios de la industria bélica occidental.

De manera automática, se vende la necesidad de desarrollar una urgente apuesta por la seguridad, convenciendo a la población global de prepararse para un mundo más belicista y agresivo.

Del mismo modo, toda clase de premisas construidas a conciencia son lanzadas diariamente por los medios de comunicación para que la comunidad asimile como ciertas determinadas situaciones que se visten de urgencia. Desde amenazas ecológicas inminentes hasta posibles escenarios geopolíticos insostenibles, pasando por crisis migratorias, sanitarias y económicas o catástrofes naturales y amenazas terroristas de un calado inimaginable.

Para desarrollar el discurso, es necesario ampliar y remarcar el potencial humano para ejercer el mal, convirtiendo al individuo en un ser cuestionado por su posibilidad destructiva, su falta de conciencia de grupo o su egoísmo innato natural. Rousseau y su hombre naturalmente bondadoso, frente al concepto maquiavélico del ser naturalmente malévolo.

Entonces, bajo la excusa de una supervivencia constantemente amenazada por la esencia destructora y amoral del ser humano, se impone una forma única e indisoluble de ver y entender la realidad a través del Estado como el gran ente protector. Se deforma la construcción de la verdad y se dispara la agitación emocional, para, así, generar los nuevos discursos de moralidad y aceptación de la llamada «nueva normalidad»[21].

Incluso se imponen leyes normativas para cuestiones que deben resolverse en el ámbito de la madurez moral de cada individuo.

Jamás una sociedad tuvo tan alto grado de esclavismo y control estratégico, porque nunca una sociedad se percibió tan vulnerable por la obsesiva necesidad de encontrar una imposible inmortalidad. Jamás se tuvo tanto miedo a tantas cosas. Pero, sobre todo, jamás se tuvo tanto miedo a la vida y, por tanto, a la verdad que fluye de la realidad universal.

Nos encontramos ante un sistema que necesita una población débil y aterrada. Solo así se imponen las ideologías que venden una falsa sensación de justicia y seguridad. El desafío es una consecuencia de la vida, y ante él cabe elegir entre la postura del enfrentamiento o del victimismo.

La narrativa del miedo tiene el objetivo de anular y cortocircuitar toda capacidad individual de pensamiento crítico, para, una vez mimetizado en el miedo, asumir que el Estado debe ser quien reafirme las capacidades individuales en función de una

21 Aunque su origen radica en un artículo del *Bloomberg News*, escrito por los periodistas estadounidenses Rich Miller y Matthew Benjamin en 2008, titulado «Post-Subprime Economy Means Subpar Growth as New Normal in U.S», fue de especial uso y se hizo mundialmente conocido para describir lo que sería el nuevo comportamiento y las normas sociales que derivarían de los cambios producidos tras la pandemia global del covid-19.

serie de parámetros circunscritos a percepciones identitarias de carácter colectivista.

Intervenirlo todo. Prohibirlo todo. Regularlo todo. Decidirlo todo por todos a través del miedo. El dominio sostenido de un sistema anclado en cierto autoritarismo, donde el individuo se dispersa en una masa social inoperante y aturdida, al percibir la vida como una carrera de peligrosos obstáculos que se originan en las libertades individuales. Destruirlo todo para no dejar recuerdo de nada. Asumiendo que la miseria debe repartirse de manera igualitaria para que la nueva felicidad sea no anhelar lo que otros tampoco consiguieron.

Un estado intervencionista, desde lo económico hasta lo emocional. Desde lo moral hasta lo intelectual. Que utiliza una nueva narrativa para apoderarse del espacio social, acotarlo, organizarlo, construirlo, tutorizarlo y controlarlo a través del lenguaje del miedo. Que se representa como un padre protector capaz de sostener el sistema vendiendo un dudoso progreso sobre premisas asumidas como verdades irrefutables.

La narrativa apocalíptica anticipa y abre la puerta a políticas cada vez más regulatorias, intrusivas, hegemónicas e intervencionistas. Las que denigran la capacidad individual del ser humano al tomarlo por un inútil incapaz de madurar y actuar por sí mismo. A más intervención, más mutilación de las libertades fundamentales. No es de extrañar que los argumentos que propician la eliminación de la propiedad, el librepensamiento, el capital privado, el emprendimiento o la proyección individual a través del esfuerzo utilicen una cuidada terminología lingüística que se desarrolla conceptualmente entre lo emocional (el miedo) y lo conceptual (la justicia).

Desde ese discurso, se apremia la regulación intervencionista de la educación (conexión entre el intelecto y el adoctrinamiento social), lo económico (sustento material de la comunidad), el mercado (la transacción comercial como medio de correlación entre la carencia y la abundancia) y lo moral (normas de interrelación entre individuos y su entorno a través de las premisas ideológicas que construyen la visión del mundo y el comportamiento social).

Una sociedad que vive atemorizada por la posibilidad constante de la amenaza, ya sea real o imaginada, vive en la inabarcable necesidad de poner todos sus recursos al servicio de su supervivencia. Si la seguridad es un valor fundamental cada vez más encarecido, entonces, todo será posible con tal de alcanzar ese estatus en la nueva sociedad. No se vive para vivir, se vive para estar seguro de que, viviendo, no va a ocurrir nada, lo que contradice directamente el sentido propio de la existencia.

Gobiernos, Estados, multinacionales, instituciones y toda la maquinaria sistémica prenden una mecha de corte proteccionista para convocar a la comunidad identificada con el grupo, y aglutinarla en torno a la llama de una protección colectiva.

La posibilidad del fracaso ha quedado obsoleta y desterrada por la ficción narrativa, donde moldeamos el mundo seguro y amable con nuestros caprichos ideales. Una sociedad hipnotizada se excede en la búsqueda de una felicidad líquida e inmediata. No se concibe vivir si no es amando u odiando radicalmente. Porque, ante el relato apocalíptico del miedo, el tiempo se queda corto y, por tanto, las emociones deben funcionar al límite de su rendimiento. Solo así se concibe aprovechar la efímera existencia. Es, en este escenario de urgencia radical, donde se podrían aplicar todo tipo de medidas coercitivas, de experimentos sociológicos y de cambios en los modelos de comportamiento.

Al producirse un suceso que genera un *shock* emocional en el conjunto de la sociedad, ya sea por lo inesperado de su llegada, como puede ser una pandemia de carácter mundial, o por el carácter violento o simbólico de su acción, supongamos un atentado contra edificios emblemáticos que colapsan al ser atravesados por aviones comerciales llenos de pasajeros, la comunidad global queda paralizada ante la amenaza de ver en peligro la existencia tal y como la conocemos. Los Estados reaccionan asumiendo que el único antídoto frente a esa ansiedad social es reforzando su papel aglutinador creando una narrativa de ficción donde la seguridad colectiva queda por encima de cualquier tipo de libertad o derecho fundamental. Cuando el mensaje es asumido al tener que decidir entre sobrevivir o adentrarse en el proceloso universo de la incertidumbre, el espectro social tomará cualquier medida restrictiva como algo necesario y perfectamente asumible.

Una vez que el Estado ha conseguido implementar estas medidas, estas quedarán impresas en el hábito individual y colectivo, siendo muy difícil revertirlas al formar parte de la rutina común, haciendo difícil plantear su derogación al quedar estos comportamientos fuera de la agenda informativa en los medios de comunicación.

¿Existe la posibilidad de sobrevivir y evolucionar de manera consciente, arrancado a las sociedades de sus obsesiones, miedos y urgencias?

Podríamos afirmar que la narrativa apocalíptica del miedo es una poderosísima herramienta al servicio del poder, revelándose como la manera más eficaz de justificar medidas extremas en nombre de una seguridad cada vez más demandada por las sociedades de la cultura occidental.

Si entendemos y estudiamos cómo se construye este lenguaje y cómo afecta a nuestras emociones, podremos ser más críticos y conscientes de las agendas escondidas detrás de las promesas de seguridad colectiva global.

El miedo, si no lo enfrentamos ni lo desafiamos, puede convertirse en nuestro peor enemigo, limitando nuestras libertades y nuestra capacidad de discernir la realidad con la claridad necesaria para tomar conciencia sobre el valor de la libertad individual.

Bienvenidos a la era de la narrativa apocalíptica del miedo y a su poderosa capacidad de persuasión.

Donde, casi siempre, gana quien cuenta la mejor historia.

Capítulo 4

LA NARRATIVA DEL ESPECTÁCULO: FICCIOTICIAS Y PSICOTICIAS, EL NUEVO LENGUAJE DE LOS MEDIOS DE COMUNICACIÓN

«Cuando la información pasó a ser un negocio,
la verdad dejó de ser importante».
Ryszard Kapuściński

Aquella fría tarde de febrero, los teletipos de las agencias inundaban de improviso las redacciones de todos los medios de comunicación. Nada había hecho presagiar horas antes que la noticia estaría en un avión con ciento treinta pasajeros a bordo que acababa de despegar rumbo a la ciudad de Toronto. A los pocos minutos de hacerlo, los pilotos detectaron un fallo mecánico en el tren de aterrizaje, por lo que decidieron notificarlo a la torre de control y abortar la travesía para aterrizar de nuevo. El problema consistía en que no podrían acometer esta maniobra de inmediato, pues, al llevar los tanques de combustible al completo, era preferible quemar parte del queroseno antes de acometer la maniobra de aproximación. El avión tendría que estar unas horas quemando combustible mientras volaba en círculos lejos del espacio aéreo de la ciudad. La noticia corrió como la pólvora, y las emisiones en directo empezaron a pedir paso para dar en primicia una importante última hora. Pese a lo aparatoso del incidente, los pilotos de las líneas comerciales están entrenados y preparados para afrontar todo tipo de situaciones inesperadas, en condiciones extremas y en las peores circunstancias posibles.

Fue solo cuestión de escasos minutos. Alguien había dado la voz de alarma. Había suceso, había conflicto, había historia. ¿Podría terminar en catástrofe? Sí.

Entonces, había historia.

La noticia no tardó en ocupar, con urgencia, los magazines, los directos, los titulares y los especiales informativos de los platós, los estudios y las redacciones que en ese momento emitían en todo el país.

Toda clase de preguntas, conjeturas, hipótesis, futuribles y posibilidades empezaban a aglutinar el debate informativo en cuestión de segundos. ¿Podría el avión aterrizar con normalidad? ¿Cuáles eran los riesgos de que sufriera un accidente fatal? ¿Estaban en peligro las vidas de los ciento treinta pasajeros? ¿Estaba preparada la tripulación para este tipo de incidentes? ¿Podría el avión caer en la ciudad y generar un accidente aún mayor? ¿Pondría en riesgo la seguridad de otros vuelos la espera en círculos a la que se había visto obligada la aeronave? ¿Se habían enfrentado los pilotos alguna vez a circunstancias como estas? Y, sobre todo, ¿cómo se estaba viviendo en el interior del avión aquella situación tan crítica que ponía en riesgo la vida de tanta gente? ¿Tendrían miedo?

Había noticia porque existía conflicto. Había unos posibles héroes, pero también unas posibles víctimas. Había urgencia. Había tensión. Había incertidumbre.

Tenían todos los ingredientes que traspasan la mera noticia y podían relatar los acontecimientos como si de una película de ficción se tratara. Habían apostado por el relato de ficción.

Y lo hacían porque sabían que tenían una buena historia.

En cuestión de minutos, el aeropuerto se llenó de reporteros, periodistas y cámaras. Daban la información en tiempo real de todo lo que ocurría. Pedían paso frenéticamente con cada información que les llegaba. Necesitaban testimonios, datos, rumores e imágenes para ir construyendo la historia mientras se esperaba con angustia el desarrollo de los acontecimientos.

Intentaban buscar la lista de pasajeros, ponerse en contacto con autoridades, hablar con expertos en la materia y conectar con familiares de la tripulación. Buscaban en alguno de ellos una historia impactante que pudiera dar más peso dramático a lo que estaba ocurriendo. Incluso, se hizo referencia a los fatídicos accidentes aéreos acontecidos en el país a lo largo de los años. Varios pilotos experimentados acudieron a los platós de televisión para contestar las dudas de los contertulios mientras se hacía lo posible por encontrar la posición exacta del avión y dar imágenes en directo de la misma aeronave.

Todo se contaba desde la urgencia. Todo se relataba desde una narrativa más propia de la ficción que de la praxis informativa. Todo giraba en torno a una serie de dramáticas posibilidades y conjeturas paralelas.

Los acontecimientos se trasladaban con una tensión que mantenía al espectador en un estado de ansiedad, inquietud y tensión, propios del suspense argumental de un *thriller* cinematográfico. El ritmo era frenético. Los testimonios desde el aeropuerto, en tiempo real y bajo los rótulos intermitentes de «última hora», desprendían un angustioso relato donde el miedo y la incertidumbre lo inundaban todo. Consiguieron incluso que entrara en riguroso directo uno de los pasajeros del avión, que, por teléfono, llegó a contar cuál era el ambiente en la aeronave. El espectador estaba ante una película en tiempo real, donde todo se contaba desde una especie de tensión psicológica a través de una narrativa dramática de ritmo endiablado que alentaba al consumo obsesivo del contenido. Era hipnotizador.

Dos horas después, y tras mil conjeturas, tertulias, debates y entrevistas, el avión aterrizaba con total normalidad y con todos sus pasajeros a bordo en perfecto estado. Todo se había construido y contado desde la narrativa del espectáculo. Una narrativa que cuenta los hechos, tejiendo toda una maraña de conceptos y términos inquietantes, gracias a generar, consciente e inconscientemente, un discurso escenográfico que se sustenta entre la urgencia, el miedo, la elucubración, la incertidumbre y el suspense.

A las pocas horas, ya nadie se acordaba de aquello. Era como si un tsunami de sucesos posteriores hubiera borrado por completo aquella frenética historia.

La función había terminado.

El periodismo, que tiene, ante todo, el compromiso absoluto de transmitir la verdad a través de los hechos y narrar los hechos a través de la verdad, termina envuelto en la necesidad de utilizar las emociones para generar adictos al consumo de la información. Hoy, los profesionales del tratamiento informativo utilizan una narrativa cada vez más cercana a lo cinematográfico que a lo informativo, lo que los acerca más a la figura del guionista de ficción que al origen de su propia profesión. Por eso, existe un nuevo lenguaje que se impone en los medios de comunicación. Es la narrativa de las emociones, que termina fabricando los conceptos que representan una nueva manera de contar lo que sucede, pero desde un punto de vista emocional, que es escenografiado de manera dramatúrgica gracias a la narrativa de ficción.

Son las ficcioticias y las psicoticias[22], que sustituyen a la noticia convencional en el mundo de la supercomunicación y de la netflixización social.

En un entorno donde la información fluye constantemente a través de las pantallas y los dispositivos, los medios de comunicación se han convertido en los narradores por excelencia de nuestra realidad.

---

22 Términos acuñados por el autor para definir una nueva manera de trasladar la información y contar los hechos en los medios de comunicación con un lenguaje más cercano a la narrativa de ficción y de las emociones.

Pero ¿qué ocurre cuando la narrativa de estos medios se entremezcla con los elementos propios de la ficción cinematográfica? ¿O cuando se crea un nuevo lenguaje conceptual con las técnicas de la disuasión emocional para contar los hechos y los acontecimientos?

Hoy, todo es susceptible de ser contado y, además, de ser contado con la emoción que desprende un relato cinematográfico de ficción. Porque la emoción del espectador es el valor que genera el sentimiento del miedo y, por tanto, de la necesidad de protegerse, accionarse o consumir.

La emoción es el valor con el que motivar, ideologizar, tensar, indignar, movilizar, agitar e hipnotizar a la masa social, presa del estímulo originado en un exceso de información extraordinario. Porque la emoción es el verdadero valor de la furia narrativa. Cualquier suceso, por muy melifluo que sea, puede ser reconvertido en un acontecimiento espectacular gracias al enfoque narrativo ficcional.

Los medios han evolucionado de tal forma que han pasado de ser informadores de acontecimientos a convertirse en los grandes maestros del relato. Gracias a figuras como la ficcioticia y la psicoticia, trascienden más allá de la mera retransmisión objetiva de información, elevando lo emocional a la materia sustancial de la acción comunicativa. Y, para comprender este proceso, primero debemos aclarar los dos conceptos claves.

Podemos definir la «ficcioticia» como una estructura en la que se fusionan la ficción con la noticia. Es la utilización del lenguaje narrativo de la ficción para contar la realidad y sacrificar la objetividad por un espacio más emocional. Lo hace apoyándose en los elementos propios del conflicto dramatúrgico, construyendo desde los acontecimientos y con la excusa de informar una historia con todos los elementos dramáticos de la misma. En la era moderna de la comunicación, los medios han incorporado elementos propios de la narrativa de la ficción. Desde la construcción de personajes antagonistas bajo la relación víctima/verdugo hasta la creación de conflictos emocionalmente dramatizados o la búsqueda de un arco narrativo convincente con un mensaje subyacente. De esta manera, los acontecimientos se convierten en historias con héroes y villanos que protagonizan giros dramáticos en lugar de meros eventos objetivos.

De otro modo, la «psicoticia» es un término que se refiere a un relato de los hechos construido desde una gran carga emocional e importante sesgo narrativo, que predispone al espectador hacia un contenido subliminalmente ideologizado durante el consumo de la información. En lugar de centrarse en la imparcialidad y la objetividad, el medio busca provocar una respuesta emocional en el espectador, lo que lo predispone a posicionarse cuando consume el suceso como una historia en la que subyace un discurso ético y moral. Esto, a menudo, se logra resaltando el aspecto dramático de los eventos, enfocándose en el sufrimiento humano, desarrollando opiniones y argumentarios subjetivos, pervirtiendo el punto de vista de los hechos, haciendo un uso sectario de las figuras retóricas o explotando el miedo, la angustia, la urgencia y la indignación en el consumidor.

Desde las tertulias radiadas o televisadas, en los artículos periodísticos, durante los magazines diarios o en cualquiera de las posibles formas de comunicación informativa, se bombardea constantemente a la población con contenidos que, pretendiendo un supuesto análisis de la realidad, se convierten en una fábrica de opiniones convergentes y divergentes que buscan formar y deformar la opinión pública para dominar e ideologizar el relato social y controlar la agenda informativa. La información es poder, pero dominar la manera de construirla, presentarla, dosificarla, empaquetarla y consumirla supone el control de la hegemonía comunicativa y, por tanto, adueñarse del escaparate en el que la sociedad busca conocer y analizar los acontecimientos del entorno inmediato. Para crear ficcioticias y psicoticias, los medios utilizan una serie de herramientas esenciales para comprender cómo la línea entre la realidad y la ficción se ha vuelto borrosa y, a veces, imperceptible en la era de la comunicación digital. Estos ingredientes se dividen en una serie de materias que entroncan directamente con la narrativa de la ficción aristotélica para ponerla de correa de transmisión entre el comunicador y el espectador.

El origen principal de la ficcioticia se enmarca en el proceso de selección o enfoque selectivo, por el cual los medios eligen cuidadosamente en su agenda qué sucesos se deben destacar y cómo deben ser expuestos a la opinión pública.

La noticia está allí donde haya un conflicto que pueda transmutarse a una especie de historia de ficción. Debe tener un potencial para generar controversia, incertidumbre y vulnerabilidad, además de capacidad para despertar empatía o rechazo.

Se valora, asimismo, la capacidad de la noticia para volverse potencialmente adictivita, debido a la posibilidad de que su relato pueda extenderse en función de giros constantes e inesperados de los acontecimientos.

Todo esto establece el tono y la dirección en la exposición narrativa de los hechos, a menudo resaltando y enfatizando los elementos más dramáticos.

Inmediatamente después de ser elegido el acontecimiento para ser expuesto, es fundamental la identificación de los personajes, definiendo su rol dentro de la historia. Esto es esencial para que el espectador empiece a consumir la información como una materia emocional que, además, lo obligará a posicionarse en la valoración de los hechos narrados. La construcción de los personajes se hace desde la premisa del antagonismo dramático o desde el choque de fuerzas. Los medios de comunicación a menudo retratan a los personajes de las noticias como figuras con características bien definidas. Los «buenos» o protagonistas son presentados, generalmente, con el rol de víctima, haciendo una analogía subliminal con el papel del oprimido. La condición de protagonista, en otros casos, funciona como el papel del héroe, el cual, o bien se redime, o bien reparte justicia. Del mismo modo, los «malos» o antagonistas son identificados con el rol del verdugo o villano, es decir, la fuerza opresora. Esta simplificación de la realidad refuerza estereotipos, consagra identificaciones, construye espacios éticos y morales y polariza la opinión pública. En la era de la netflixización, la opinión pública empatiza más rápida y eficazmente con el rol de víctima, al sentir que estar del lado del oprimido lo coloca, automáticamente, en el lado correcto de la historia.

Cabe expresar que, bajo este tipo de acciones, se concentra una enorme capacidad de poder influenciar en el espectador para reconducirlo hacia las posiciones ideológicas que sean predeterminadas. En ese sentido, los medios terminan imponiendo un régimen de opinión tutelado y controlado por comunicadores e informadores que construyen sentencias mediáticas y, en muchas ocasiones, terminan por vender las opiniones como verdades absolutas que forman la opinión pública y publicada. Esta analogía identificativa, sustentada en el maniqueísmo informativo, es ampliamente explotada por el relato mediático, político, institucional y empresarial, pues, hoy en día, la imagen de una marca se amplifica y construye desde este proceso de identificación emocional.

Tras este reparto de roles necesario para abrir el espacio emocional, se entra en el campo en el que se recrea el conflicto dramático. Como ya hemos dicho anteriormente, la narrativa de la ficción se fabrica desde los conflictos emocionales. Los medios aplican esta técnica al resaltar la confrontación, el dramatismo escénico y el lenguaje subliminal a la hora de relatar para mantener al espectador, emocionalmente involucrado. Este proceso implica la construcción consciente del arco narrativo que hace avanzar la historia. Desde los medios de comunicación, se es consciente de la importancia de conectar con el espectador a través de la representación de historias convincentes. Esto implica el desarrollo de un arco dramático clásico en tres actos, con una introducción, un nudo y un desenlace. Esta estructura, una vez aplicada a eventos reales, puede generar distorsión de la realidad, cuando tanto en su construcción como en su recepción se transforma la noticia en la ficcioticia.

Por otro lado, el objetivo original de la psicoticia es atrapar la atención de un espectador cada vez más disperso, cansado y saturado de información. Para ello, prioriza la agitación del estado emocional sobre la argumentación intelectual. Se compite por escaparatizar el trauma, el dolor, la ofensa, el delito, la desesperación, la angustia y los más bajos instintos de la condición humana. Si el dato puede matar al relato, es fundamental omitir o manipular lo objetivo para convertirlo en lo subjetivo. Es la tiranía de lo relativo, que prescinde de la verdad para trocearla y venderla en pequeñas dosis de parcialidad. Esto puede llevar a la difusión de noticias falsas, el sesgo y manipulación de datos y cifras o la omisión de información relevante para la comprensión de los hechos, adoctrinando y predisponiendo al consumidor para que reconstruya la realidad o perciba su entorno desde un prima sectario, partidista e imparcial.

Uno de los elementos claves para poder transmitir la información de manera eficaz, llegando de manera más precisa al consumidor, es utilizando la herramienta de la simplificación narrativa. Quiere decir que, a hechos difíciles de explicar debido a la compleja idiosincrasia de su propia naturaleza, se simplificará el argumento en el relato para que encaje en una narrativa eficaz de transmisión. Se eliminan, sesgan, silencian u omiten detalles importantes para conocer una realidad en toda su dimensión, por lo que la información queda reducida a un campo de simples argumentos que, generalmente, vuelven a construir una ficticia línea divisoria entre lo moral y lo inmoral o lo correcto y lo incorrecto. Aquí es donde el argumento queda reducido a una soflama, a una arenga o a un lema. Son los gritos de guerra que se originan en discursos sencillos pero vacíos de todo análisis intelectual de carga objetiva. El hecho y todas sus circunstancias, realidades, causas y efectos quedan reducidos a una única sentencia. El tiempo en el relato informativo es escaso y valioso, por lo que se omite la fase explicativa de lo acontecido. Es la tiranía del titular, que deforma la realidad para, en un corto espacio textual, explicar, contar, informar y posicionar subliminalmente al consumidor.

Efectivamente, la urgencia es un añadido en la construcción de la nueva noticia. La necesidad de abarcar mucho contenido en poco tiempo requiere una concreción extrema en la información. El público asimila rápidamente los estímulos audiovisuales que amplifican la urgencia y los asocia a situaciones de peligro inminente. Si el tiempo es breve o escaso para desarrollar la explicación objetiva y equidistante de los hechos, el tiempo debe ser amplio y grueso para desarrollar el clímax conclusivo. Dediquemos poco tiempo al hecho, y mucho más a la opinión sobre el propio hecho. La historia debe terminar reforzando el concepto para dejar una impresión duradera en la mente del consumidor de la noticia.

Este refuerzo es absolutamente fundamental en la ficcioticia y, sobre todo, en la psicoticia, pues, en ambas, las narrativas están al servicio de la ideología para reforzar determinadas creencias, premisas y estereotipos. Esto hace que los medios de comunicación de masas y los canales de redes sociales se conviertan en potentes amplificadores de emociones, otorgándoles una inmensa capacidad de influencia en la opinión pública y la manera de percibir la realidad de los acontecimientos. Es decir, la información es tratada conscientemente para sesgar los acontecimientos en favor de las ideologías, consiguiendo así, gracias a las emociones, escorar al público hacia una tendencia determinada independientemente del estudio pormenorizado de la realidad de los hechos, su contexto, sus causas y sus efectos.

Para completar el proceso comunicativo y dotarlo de una eficacia que consiga estimular las emociones en el menor tiempo posible, la narrativa mediática utiliza, cada vez más, el uso de recursos audiovisuales impactantes. En la sociedad Lumière, la imagen cobra una importancia suprema, seleccionando cuidadosamente un material audiovisual que, para apoyar la construcción de la narrativa emocional, a menudo escoge escenas de sufrimiento, dolor, muerte, devastación y caos. Imágenes de extrema sensibilidad son cada vez mejor aceptadas como algo consumible por una sociedad anestesiada ante esta clase de material. Es cierto que, a pesar de estar acostumbrada a un consumo masivo y cada vez más normalizado de la violencia, el impacto que producen determinados materiales audiovisuales en la sociedad sigue siendo una de las herramientas de persuasión más determinantes que existen. Hoy, la captación inmediata de momentos concretos llenos de violencia explícita hace que la imagen sea el elemento principal sobre el que construir la narrativa del espectáculo. Los dispositivos móviles convierten a cualquier ciudadano no solo en receptor de contenidos, sino en creador y captador de los mismos. En esta dualidad, el material informativo se amplifica de manera exponencial, llegando cada vez a un espectro más amplio de la población de manera instantánea e inmediata. El refuerzo de los contenidos se realiza, fundamentalmente, desde la captación de testimonios dramatizados, que son subliminalmente prefabricados con preguntas concretas que buscan reforzar y enfatizar el momento. La entrevista emocional incide en la psique del entrevistado, reforzando la autenticidad de la historia injertándose en la trágica experiencia vividas por los protagonistas. Aquí, se remarcan los roles de la víctima y el verdugo, del oprimido y el opresor, del héroe y el villano, intensificando la opinión emocional de los acontecimientos por parte de quienes, en realidad, deben explicarlos con objetividad al espectador.

Precisamente, el debate sobre la necesidad de comunicar los acontecimientos de manera objetiva y libre de narrativas ficcionales que edulcoran la realidad del suceso no es, ni mucho menos, algo novedoso.

El valor que moderaba el discurso público anteriormente era comunicar la verdad dando argumentos fieles a la realidad. Esto legitima el debate porque contrasta la información para cribarla de un posible sesgo emocional que la distorsiona y la aleja de su propia esencia.

Ahora, la legitimidad del discurso viene dada por la aprobación mayoritaria (o minoritaria) del mismo, en tanto en cuanto es aceptado por sectores ideológicos desde un grado de identificación emocional, independientemente de su grado de veracidad o de fidelidad a la realidad.

La clave es cuándo la verdad deja de ser prioritaria para ceder su lugar a la hegemonía de los sentimientos en el relato emocional. El discurso se amolda a la demanda de grupos, colectivos, instituciones, movimientos y corrientes sociales cuyo argumentario no se sustenta más allá de las emociones. Por eso, cuando la información se transforma para ponerla al servicio de la ideología, la verdad deja de ser un valor fundamental en el acto informativo.

Existe, por tanto, un tipo de comunicación informativa que, amparándose en la terminología del bien y la libertad de expresión, subsiste de la fabricación de *ficcioticias* o *psicoticias*. En él, se busca un conflicto con trasfondo social, para posicionar en el debate público, un discurso con fuerte carga moral. A través de la narrativa de la ficción emocional, rápidamente se reparten los roles de victima y verdugo, que, en realidad, es una transcripción emocional de la relación entre opresor y oprimido, obligando al espectador, a través de la imposición de un relato hegemónico e ideologizado, a posicionarse en el lado correcto de la historia. De este modo, subyace un terror colectivo en la posibilidad de contra argumentar el discurso, pues al estar disfrazado de una fuerte carga emocional, el relato oficial adquiere un supremacismo moral asfixiante, hasta el punto de convertirlo en una verdad irrefutable que condena, a toda opinión diferente, hacia una leprosería social. Se trafica con el dolor para, encubriendo una praxis investigadora, utilizar la información emocional como un arma ideológica y arrojadiza que sustituye el estado de derecho por un totalitarismo sumergido.

El discurso termina por colonizar las instituciones, los medios, el relato político y el contexto social. Se hacen juicios sumarísimos, cacerías mediáticas y tribunales morales, destruyendo los mecanismos garantistas de las democracias consolidadas y justificando en la narrativa de la victimización, todo tipo de procesos de cancelación, condena y linchamiento, propios de lo más salvajes instintos de la condición humana. La jauría se empodera alrededor de los cadalsos digitales, pero el modus operandi, es el mismo que hace siglos, donde el Santo oficio, repartía condenas, torturas y ejecuciones bajo el supremo poder clerical del gran inquisidor.

No hemos cambiado nada, porque nada ha cambiado en el instinto destructor de la condición social, donde el individuo, anhela identificarse en el lado moral del escenario para, de esa manera, justificar su culpa y su naturaleza mortal, en una autocomplacencia ficticia, fugaz e impostada.

Ya en los años veinte del siglo homónimo, se originó un encendido debate entre los profesionales de la comunicación de los Estados Unidos, sobre si la objetividad debería ser la base sustancial de toda información y noticia. Walter Lippmann, uno de los más afamados columnistas de la época, ya trazó en *Liberty and the News*, publicado en 1920, un escenario donde la sociedad «no reaccionaba a las verdades, sino a las opiniones». La propuesta de Lippmann consistía en desterrar toda posible desfiguración a la hora de contar los hechos, evitando prejuicios e interpretaciones que pusieran en peligro la objetividad de la narración. Desde entonces, el debate sigue aferrado en las redacciones de los medios, donde defensores y detractores de la objetividad miden sus fuerzas en un duelo encarnizado. En esta era de la netflixización social, se impone, desde determinados estamentos consagrados tanto en las redacciones americanas como en las europeas, desnivelar la balanza hacia una nueva visión de la realidad, para contar los hechos desde una perspectiva más ideologizada, donde la interpretación y el sesgo emocional se conviertan en herramientas fundamentales de la información. Para un cada vez mayor número de comunicadores, la objetividad es un valor obsoleto que no contribuye a posicionarse en el lado correcto de la historia. La equidistancia, la objetividad y la neutralidad de quien transmite los acontecimientos no contribuyen a las causas que se sustentan en la parte más emocional del discurso. Las informaciones basadas en los discursos que relacionan conceptos como el racismo, la diversidad, el cambio climático, la sostenibilidad y toda clase de ismos que están en el centro del debate social son, gracias a su alto poder de identificación emocional, materias que se incompatibilizan con la objetividad.

Por ello, no es de extrañar que, inmersos en la época hegemónica de las sensaciones, la sociedad escaparatizada y escenográfica opone el relato al dato. Lo intangible se eleva sobre lo tangible para desterrar lo objetivo al convertirlo en un obstáculo para la causa.

Es así como la información se convierte en una psicoficción y, por tanto, en una pseudopropaganda que, a través de la interpretación subjetiva y la visión sectaria y personal de los acontecimientos, concluye en una sustancia ideologizada que, una vez distorsionada, es transmitida desde la narrativa de la ficción. La opinión y la información se mimetizan en un preciso ejercicio de manipulación soterrada para dar lugar a la ficcioticia y la psicoticia. La desinformación se diluye en la realidad y en los estados de opinión, incapaces de discernir entre lo real y lo ficticio debido al alto grado de asimilación del discurso del espectáculo. Las corrientes que ven la objetividad en los medios como un elemento perturbador, opresivo e innecesario entienden que determinados movimientos, envueltos en las banderas de las causas sociales, les otorgan automáticamente un discurso hegemónico indiscutible que la población lo posiciona en el marco de lo política, moral y éticamente correcto. La equidad y el equilibrio de la objetividad se hacen incompatibles con la narrativa emocional del espectáculo informativo, cuyo objetivo trasciende a la transmisión pura de los acontecimientos para convertirse en un transmisor de ideales que se posicionan en un supremacismo moral e intelectual autootorgado.

Fue el ensayista y periodista polaco Ryszard Kapuściński, considerado uno de los grandes periodistas del siglo veinte, quien acertó al describir cómo la verdad dejó de ser importante cuando se descubrió que la información podía ser un gran negocio. Algunas corrientes periodísticas contemporáneas definen la objetividad como una sustancia relacionada con elementos de poder identificados en el conservadurismo ideológico, e incluso llegan a posicionarlas en el ámbito de las razas y el género dominantes en siglos pasados. Esta necesidad por alejarse del conocimiento real de los hechos es, en realidad, la expresión inconsciente de un miedo atroz a la verdad.

Una verdad que puede reducir el relato ideológico a cenizas, convirtiendo la narrativa del espectáculo en un discurso insustancial, demagógico e irrelevante. Por eso, se hace tan importante que la narración quede despojada de todo rigor, y la realidad termine disfrazada de un relato de ficción emocional. Esta construcción narrativa de las psicoticias se nutre, fundamentalmente, de reforzar su condición autoidentificándose constantemente con los valores democráticos, pues así se legitima la información dotándola de una ilusoria capa de veracidad y moralidad que la blindan hasta hacerla consciente e inconscientemente incuestionable.

Todo esto pone en el centro del debate la importancia del acceso a información veraz, confiable y contrastada. Un material cada vez más exclusivo y codiciado debido a la complejidad para acceder a él y las restricciones en su uso.

El bulo, el *fake*, el sesgo, la mentira, la desinformación y la contrainformación son las armas y herramientas con las que se libra una batalla narrativa al servicio exclusivo de las ideologías. Desde los Gobiernos, las instituciones, las empresas y todo tipo de organismos públicos y privados, incluidos los propios medios de comunicación, se pretende hacer creer al consumidor que su labor legisladora y posición dominante lo urge a controlar y verificar la información con el objetivo de mejorar la calidad de esta. Esta posición de poder les hace, a los ojos de la sociedad, legitimarse como verificadores de la realidad y de la percepción mayoritaria de los acontecimientos. La pregunta es: ¿quién verifica o controla a estos estamentos para que ellos mismos no decidan de manera subjetiva e intencionada qué es lo que es verdad y lo que es mentira? Es lógico que la percepción de la realidad y de los hechos que trascienden en nuestro entorno siempre tendrá el sesgo individual que hace a cada persona única e irrepetible. Cada ser es la compleja acumulación de experiencias, aprendizajes, influencias culturales, costumbres adquiridas, conflictos internos y externos, comportamientos aprendidos y reacciones temporales que van forjando el carácter, la personalidad y la ideología personal de cada individuo. Toda esta superposición de capas moldea la visión y la cosmovisión que el ciudadano tiene de los acontecimientos, la relación con su entorno social y la reacción psicoemocional que surge de todo ello. Por ello, el relativismo a la hora de narrar la realidad convierte el ejercicio de la objetividad suprema en una suerte de utopía, pues la verdad absoluta se matiza en la mirada de quien la vive desde un lugar diferente al resto. Pero una cosa es ser conscientes de la enorme dificultad que entraña la narración impoluta de los acontecimientos, y otra es modificarlos fehacientemente a través de un discurso emocional, para convertir los hechos en causas ideológicas con las que pervertir la realidad y, con ello, manipular la opinión pública con fines partidistas.

La realidad se filtra a través del dominio del acto comunicativo y, al prendarla a un discurso de percepciones emocionales, convierte el proceso de información en un proceso subyugante de adoctrinamiento. Así es como funciona. La objetividad y la veracidad no son madrigueras donde esconderse. Su uso debe ejercitarse con libertad y sin miedo a contar las cosas tal y como son, ni llamar a las cosas por su auténtica definición. Es el valor indiscutible de la información periodística vital, pues, de no ejercerla así, entonces entraremos en el campo de la narrativa espectáculo, que convierte al periodista en un guionista que interpreta la realidad para reconstruirla desde la ficción. Ejercer la opinión es también un ejercicio de libertad comunicativa indiscutible e indivisible a la condición esencial de las democracias occidentales, pero debe hacerse una vez que se ha expuesto el acontecimiento desde una realidad lo más transparente, verificada, contrastada y objetiva posible. Solo así el debate político, social e institucional podrá gozar de un argumentario eficaz que, en vez de sesgar la realidad, la complemente y enriquezca.

Los movimientos identitarios globales han encontrado en la narrativa espectáculo de la ficción emocional el caballo de Troya desde el que argumentar sus reivindicaciones, construir un relato victimista.

Las ficcioticias y las psicoticias no solo inciden en la forma en que se presentan las noticias, sino que, además, tienen un impacto directo y eficaz en la percepción del espectador sobre la realidad. Estas técnicas tan efectivas de narración se han convertido en poderosas herramientas para predisponer mentalmente al espectador hacia una posición ideológica específica. Los medios de comunicación pueden utilizar de manera consciente este tipo de metodologías para redirigir el pensamiento social hacia determinados postulados e ideas concretas, las cuales terminan siendo asimiladas como verdades adquiridas, creando así una sociedad tan ideologizada como fácilmente permeable.

Desde el posicionamiento en conflictos políticos, armados, económicos, deportivos o sentimentales hasta en sucesos que puedan generar una polémica colectiva por la propia idiosincrasia emocional e impactante de los hechos, la opinión toma relevancia por encima del hecho contrastado. Esto podríamos englobarlo en el llamado «nuevo periodismo público», un movimiento que coloca la información en un estatus de clave fundamental para el desarrollo y el progreso de la sociedad. Algunas teorías de los nuevos movimientos de la comunicación social restan, ignoran o directamente rechazan el valor de la objetividad como principal sustento del discurso informativo. Defienden que la información debe estar comprometida y complementada con un posicionamiento inequívoco del comunicador a favor de los relatos cuyo argumento se origine en discursos sociales, étnicos o identitarios que revisen la historia, reescriban el presente y aglutinen toda clase de causas que, de nuevo, se alinean desde el inconsciente social con el lado correcto de la historia. Este debate ha vuelto con mucha fuerza en la era de la netflixización social. En el corazón de muchas de las principales redacciones mediáticas del mundo occidental, sobre todo en varias de las más relevantes firmas norteamericanas, existe una encarnizada batalla por repensar la forma de comunicar y cómo encajar la transmisión de la verdad en el espacio subjetivo de la opinión.

En ese sentido, algunos de los más relevantes profesionales de la información defienden que debe ser la verificación y no la objetividad el verdadero ingrediente sustancial del acto informativo, mientras que otros apuntan a la evidencia y el dato contrastado libre de prejuicios, sesgos experienciales, colectivistas o identitarios como la única manera eficaz, ética y veraz de construir el relato informativo.

Son muchos los ejemplos que, diariamente, podemos encontrar en los medios de comunicación trazando la estrategia comunicativa desde la narrativa de ficción, convirtiendo el suceso, en psico o ficcioticias.

Los medios de comunicación utilizan toda clase de procesos narrativos para utilizar la información en favor o detrimento de las causas y las ideologías, o bien afianzar los intereses empresariales, económicos o institucionales que sirven a sus objetivos.

Una de las herramientas más eficaces para la construcción de la psicoticia, que contribuye además a desviar la atención sobre hechos relevantes, es la creación de polémicas originadas en determinadas acciones, gestos, palabras u opiniones que, a pesar de que podrían pasar desapercibidas y ser irrelevantes para el público general, son amplificadas por los medios, para dotarlas de una relevancia desproporcionada, fabricando así un debate social que polariza a la población. Para ello, se potencia el lado más emocional del discurso informativo. Desde el sesgo de datos objetivos hasta la cancelación de relatos o discursos alternativos, hay todo un catálogo de prácticas eficaces para canalizar la información y convertirla en una peligrosa arma arrojadiza o en una eficaz herramienta propagandística.

No hay que olvidar el señalamiento a través de juicios mediáticos que terminan por condenar socialmente a quienes no abrazan el discurso oficial, oponiéndose a la opinión pública hegemónica generada en el relato mediático, institucional, político, ecológico, económico, histórico o identitario.

Los medios construyen de manera consciente un fuerte relato que usa el poder de terminologías específicas, para refrendar conceptos, consolidar estados de opinión generalizada y destruir, cancelar, silenciar o condenar actitudes, hechos, personas, marcas, instituciones, colectivos e iniciativas. La influencia en la opinión pública que consigue el relato construido en lo ficcioemocional es de un potencial abrumador.

Todo el planeta se quedó sin respiración cuando pudo ver cómo dos aviones conseguían destruir y hacer colapsar dos de los edificios más emblemáticos de Nueva York en tiempo absolutamente real. Mientras caían las torres gemelas, la narrativa de ficción construía, por primera vez de manera instantánea y en tiempo real, una retransmisión donde el espectador tuvo conciencia, por primera vez en la historia, de estar inmerso en una película de ficción que se entrelazaba con una realidad tangible, lo que creaba un proceso de disrupción mental colectiva en el que la sensación de peligro inminente y global, además del fuerte impacto emocional de las imágenes, consiguieron generar el primer momento de pánico universal creado en tiempo real.

Aquel momento generó todo un nuevo concepto de la visión del mundo. Una nueva forma de percibir y construir nuestro entorno. Una nueva forma de relacionarse, de viajar, de pensar, de priorizar y de comunicar. Una nueva forma de mirar al pasado y al presente. Una nueva forma de entender que lo que se había consumido hasta ahora, en la escenografía del cine, el teatro y la dramaturgia propia de las narrativas de ficción, podía convertirse en una realidad. En definitiva, la posibilidad que tuvo todo el planeta de ver en directo aquel trágico acontecimiento, transmitido y narrado en tiempo real, fue, posiblemente, el comienzo de una nueva forma de entender la comunicación de la realidad. Cierto que, ya antes, habían ocurrido acontecimientos profundamente relevantes para el devenir de la historia, como las guerras mundiales o cambios geopolíticos estratégicos fundamentales, pero nunca se había narrado y vivido en directo un hecho que anunciara el colapso de una civilización o el fin de una era, manteniendo a toda la población mundial delante de una pantalla como si de una gran sala de cine se tratara. Entonces, la narrativa del espectáculo supo de la importancia de la imagen en la época de la comunicación instantánea, haciendo de la retransmisión en tiempo real el otro ingrediente sustancial para apoyar la narrativa ficcional de la realidad.

Desde entonces, las guerras, los conflictos territoriales, las tragedias, las catástrofes naturales, las crisis sanitarias, los fenómenos climáticos, los juicios mediáticos o los desastres provocados por fallos o negligencias humanas se cuentan, ya sea desde los medios de comunicación de masas o desde las redes sociales, a través de la narrativa de ficción, creando psicoticias y ficciotícias propias de una sociedad Lumière adicta al discurso escenográfico y dramático, e influenciando rápida y eficazmente en el espectador y en la opinión pública.

Hoy, cuando toda la sociedad ha asumido la narrativa de ficción como el lenguaje prioritario en el ámbito social, político, cultural, institucional, educativo y empresarial, el relato es la nueva herramienta de poder absoluto con el que construirlo y destruirlo todo. Es la nueva bomba atómica. El poder dicta, y los medios de comunicación publican, comunican y cuenta. Todo es una enorme historia de ficción y todo apunta a la agitación emocional como la clave para poder controlar un espacio ideológico de masas que se construye en la conciencia colectiva gracias al lenguaje, el término, el concepto, la oratoria, la disuasión y la persuasión narrativa. Gracias al uso de la palabra precisa. Gracias a la palabra constante. El espectáculo al servicio del suceso y el suceso al servicio del espectáculo.

Frente a este discurso de prestidigitación emocional, solo cabe desarrollar el sentido crítico para discernir entre la realidad y la ficción. Un ejercicio que, ante todo, necesita una capacidad real para poder obtener información de calidad, algo cada vez más complejo para una población saturada de información basura pero que es consumida en grandes cantidades. Los impactos en la pisque colectiva que tienen los discursos construidos en la narrativa del espectáculo-ficción, originados en el conflicto trágico del evento narrado, crean un estado de hipnosis colectiva que aprovecha la imposición soterrada de criterios, ideas, premisas y nociones que van construyendo, independientemente de la veracidad de su sustancia, un imaginario colectivo dispuesto y predispuesto a comprar una nueva realidad que asume como propia y la hace indiscutible y defendible hasta las últimas consecuencias.

En ese sentido, el papel de los medios en la nueva narrativa ficcional es fundamental para la creación de un nuevo paradigma de construcción social que forma parte de un complejo entramado entre el estado político, el estado informativo o comunicativo, el estado empresarial, el estado de consumo digital y el estado de pensamiento social. A través de esta conexión entre fuerzas, se forma una nueva escenografía de valores artificiales cuya premisa es contar para engañar y convencer, convencer para vender, vender para ganar y ganar para ejercer. De este modo, se construye una sociedad automática. Emocionalmente aterida. Indignada, pero anestesiada. Y todo ello, gracias al eficaz y fascinante movimiento del péndulo hipnotizante que emana de la narrativa del espectáculo y de la narrativa de la ficción informativa.

La información crea emociones que, eficientemente manipuladas, pueden crear estados perceptivos concretos que predispongan hacia premisas sesgadas sobre acontecimientos, personas, realidades o sucesos.

El suceso analizado se rinde ante el suceso banalizado cuando el contexto se apodera del texto. La narrativa de ficción trabaja en la dualidad entre el texto, que es lo que se cuenta y queda en la superficie del relato, y el subtexto, que es el mensaje que subyace escondido en las profundidades del mismo relato. Es decir, lo que se dice, pero no se cuenta. Esta interrelación de conceptos construye un arco narrativo que ha sido asumido, estudiado y cada vez más practicado por las políticas institucionales, algunas ideologías colectivistas de carácter reivindicativo e identificatorio y, por supuesto, algunos medios de comunicación. En ese sentido, han encontrado en la narrativa de la ficción la gran herramienta para fabricar sus discursos y, así, conseguir un eficaz efecto de impresión en la emoción del conjunto social.

Frente a estos ejercicios de eficaz prestidigitación narrativa, se ha de conseguir una vista de halcón a la hora de consumir psicoticias y ficcioticias. Este es un ejercicio fundamental para poder entender el sistema de manipulación masiva y detectar los ingredientes fundamentales con los que se fabrica: el ciclo-conflicto. La identificación automática con la dualidad protagonista/antagonista. El miedo a la ausencia o pérdida y la falacia aceptada por la repetición continua.

El horno narrativo nunca se apaga dentro del conglomerado del imperio informativo. Devora de manera insaciable al individuo y lo inunda constantemente de información incandescente.

Se acepta una derogación progresiva de la frontera entre un debate verdaderamente plural, libre y argumentado, para abrazar de manera consciente un totalitarismo de opinión hegemónica al servicio de un periodismo ideológico y emocional. Por eso, la noticia muta a ficcioticia, un híbrido incombustible entre ficción y realidad. Esta transforma, gracias a un complejo proceso de codificación propio de la narrativa dramática, el acontecimiento en un elemento emocional. El narrador lo consigue al descodificar la información para convertirla en un mensaje identitario y subliminal que el consumidor lo ejecuta posicionándose desde lo emocional, identificándose ética, moral o ideológicamente en un determinado contexto o situación.

En definitiva, la era de la netflixización social predispone a los medios de comunicación a adoptar el lenguaje de la ficción como herramienta con la que reconstruir la nueva transmisión de la información. Se secuestra el término reformulando el discurso para ganar la batalla cultural, gracias a un relato mediático, político y social. Se construye minuciosamente, con técnicas narrativas propias del lenguaje cinematográfico, escenográfico y dramático, un relato que sustituya a la verdad para generar adictos a una información adulterada de corte ficcional. Aumentan, así, los adeptos incondicionales a las causas y los fanáticos insaciables del juicio moral.

Bienvenidos a la era de la narrativa del espectáculo y a su poderosa capacidad de persuasión.

Donde, casi siempre, gana quien cuenta la mejor historia.

Capítulo 5

LA NARRATIVA DE LA VICTIMIZACIÓN Y LOS DISCURSOS DE LA CANCELACIÓN

«Contra la estupidez, hasta los dioses luchan en vano».
Johann Wolfgang Goethe

Las sociedades racionales han claudicado para dar paso a la dictadura encubierta de las sociedades emocionales. Son aquellas que ensalzan sus pasiones, elevando sus deseos a la categoría de verdades irrefutables, bajo el argumentario hegemónico de las emociones. Se mimetizan en los movimientos identitarios y territoriales. En los culturales, colectivistas o imperialistas. Los partidos políticos, las instituciones o las multinacionales encuentran en la narrativa de ficción un aliado desde el que construir los discursos con los que nos quieren gobernar.

Hace miles de años, los coliseos y las plazas públicas canalizaban la ira, la frustración, el miedo y la zozobra de los ciudadanos ante la imperiosa necesidad de encontrar culpables con los que expiarse. Los juicios sumarísimos, las ejecuciones públicas y los autos de fe saciaban la brutalidad de un discurso político y religioso fanatizado e intolerante que, aterrorizando a las masas, conseguía monopolizar el relato con el que homogeneizar el sentimiento ideológico-religioso, imponiendo una manera única de observar, pensar, entender y actuar en el mundo y el entorno. Los mentideros, estadios, plazas, parques y entornos públicos constituían espacios escenográficos de amplificación, pues eran pensados para fomentar la ficción natural o el relato social. Desde ellos, se construían o destruían reputaciones a través de toda clase de filias, fobias, rumores, libelos, difamaciones, injurias y maldiciones que, valiéndose de la agitación emocional, podían deformar el argumentario para inclinar la opinión pública de manera caprichosa, sectaria y alevosa. Estos procesos no han cambiado su *modus operandi* a pesar de los siglos, pues enraízan directamente con los más básicos instintos de la condición humana. Formar y deformar el entorno a través del lenguaje, tergiversando la realidad para ponerla al servicio del interés personal, es, posiblemente, el arma más antigua, eficaz y poderosa con la que ha contado el ser humano desde que tiene conciencia tribal.

La narrativa de la ficción originada en la era de la netflixización juega un papel crucial en la construcción y la amplificación de los principales discursos hegemónicos de las sociedades escaparate: el relato de la victimización y el relato de la cancelación. Ambos fenómenos se entrelazan y refuerzan mutuamente dentro de los márgenes del ámbito de la hipercomunicación social, propios de la gran era de la comunicación digital.

La temática, el argumento y la narración de las historias pueden ser interpretadas como promotoras de la victimización o la cancelación. La narrativa de ficción desempeña un papel multifacético en la construcción oficial de los discursos del victimismo y la cultura de la cancelación. En este contexto, se enraízan las complejas interacciones entre la representación de la víctima como ser protagonista del relato, la censura, la responsabilidad moral y la posibilidad de la reconciliación y la ofensa en nuestra sociedad contemporánea. La cultura es el acierto del pasado, la cura del presente y el remedio del futuro, pero nunca puede ser la forma de enterrar el contenido en función creencias e ideologías.

El hombre es el único animal que tropieza dos veces con la misma ideología y, por ello, la necesidad de cancelar, censurar y desprestigiar todo aquello que amenaza sus ideales es un hecho que perdura y se repite cíclicamente a lo largo de la historia. Se cancela y censura todo aquello que pone en peligro las creencias aferradas de manera fanática en el inconsciente. Todo lo que posibilita reducir a la nada unos ideales que se sostienen, muchas veces, en los complejos y las frustraciones de quienes se sienten más seguros aferrados a un credo. A una fe ciega en los lemas y los ideales que se bordan en las banderas de la causa. Se cancela todo lo diferente, lo distinto, lo que contraargumenta y pueda desmontar un discurso de fervientes pasiones desnutridas que se sienten y se pretenden hegemónicas, persiguiendo instaurar un totalitarismo emocional con el que controlar a la sociedad. Son como una segunda piel que abrasa y supura la constante necesidad de imponernos a la vida.

De este universo narrativo, surge el abanico de argumentos, conceptos y acciones con los que se pretende gobernar al ciudadano. Los lenguajes inclusivos, las discriminaciones positivas, la cultura de la cancelación, los cordones sanitarios, los escraches o el *lawfare* son, en realidad, una prestidigitación narrativa que, a través de eufemismos, pervierten el relato para construir discursos profundamente injustos, discriminatorios, inquisitoriales e intervencionistas. Conculcan los valores esenciales que aseguran la libertad y la igualdad entre los ciudadanos, independientemente de nuestro género, raza, ideología, clase o condición social.

La narrativa de la victimización, propia de sociedades que terminan por despreciar el mérito, el esfuerzo, el sacrificio o el talento, tiende a convertirse en una de las herramientas más eficaces para acelerar el empoderamiento social, ejerciendo un proceso consciente e inconsciente de fuerte identificación con el lado correcto de la historia. Gracias a ello, se convierte en un escudo protector que posiciona el relato victimista en un lugar hegemónico y ventajoso con respecto a los acontecimientos. Es evidente que todo el mundo está a favor de proteger a las personas vulnerables frente a hechos delictivos o inmorales. Todo individuo en su sano juicio, con un mínimo de conciencia moral, debe oponerse a cualquier acto de injusticia que amenace la condición esencial de la dignidad humana y de los derechos fundamentales que emanan de ella. Sin embargo, también está obligado a mantenerse firme frente al surgimiento de relatos demagógicos que, disfrazándose en las narrativas de la psicoficción, buscan soterradamente el adoctrinamiento hegemónico de la sociedad y, deliberadamente, la cancelación de quienes se oponen a sus intereses ideológicos, sectarios y colectivistas.

La politización del victimismo es una práctica cada vez más común para buscar una manera de posicionarse dentro del código ético. Con esta acción, se escaparatiza una supuesta bondad, lavando o fabricando una imagen tanto a nivel individual como a nivel colectivo, empresarial o institucional que busca empatizar con la masa social para, en realidad, beneficiarse de la opinión pública. Esta politización de la víctima se realiza a través del uso abusivo de quienes padecen algún tipo de enfermedades, discapacidades, pobreza, injusticia o desgracias de toda índole. Haciendo uso de la vulnerabilidad del individuo, se fabrica un discurso simpatizante y empático que busca atraer e identificar hacia la causa ideológica a toda la población a través de la identificación con la víctima y su condición de vulnerabilidad, creando un relato emocional de corte moral.

En ese sentido, se ha impuesto, en los últimos tiempos, una verdadera corriente narrativa donde el victimismo es la base fundamental del argumento. En ella, se busca desde el relato la empatía automática construyendo el suceso desde la perspectiva de la relación víctima/victimario. El problema es cuando este reparto de roles se hace, en muchas ocasiones, sin más fundamento que el de un interés ideológico y partidista, despreciando la verdad de los hechos, los derechos fundamentales de quienes los protagonizan y, por supuesto, deformando la realidad para crear una confrontación deliberada que genere un conflicto social donde la víctima simboliza y legitima el discurso ideológico hegemónico.

La narrativa victimista pretende convertir a la persona en personaje, identificándolo como víctima de diversas circunstancias que generan un estado de injusticia que, principalmente, se percibe a través de una opresión, discriminación, rechazo, violencia o abuso, lo que abre la puerta a una narrativa de ficción representada desde un conflicto social originado en la relación opresor/oprimido.

La identificación de la víctima lleva rápidamente a dignificar el discurso de la ofensa, buscando en él una reparación. La víctima es un héroe. Un nuevo estatus políticosocial que otorga credibilidad, dota de inmunidad, concede la posibilidad de culpabilizar al otro y goza de empatía dentro del marco de la narrativa de la ficción social.

La víctima acumula reconocimiento, se visibiliza entre el anonimato y se posiciona correctamente ante el gran público. Despierta una suerte de identificación global que adquiere un magnetismo indiscutible. No se pone en duda su discurso, se le da el poder del credo y la palabra y, desde el primer momento, adquiere el papel protagonista del relato.

Victimizarse es una nueva forma de empoderamiento y, para ello, no hay mejor herramienta que la utilización de una narrativa de ficción emocional.

En esta narrativa, se enciende el proceso de la escenificación del conflicto, donde las partes luchan por posicionarse en la historia construyendo un relato donde el público empatiza automáticamente con la narrativa de la victimización.

El argumentario de la víctima es compartido por un proceso de identificación colectivo compuesto por comunidades, colectivos, poblaciones, grupos o tribus que se suman al mismo procedimiento estructural desde el sentimiento, dando credibilidad al discurso emocional a pesar de todo. Si a ello le sumamos el poder utilizar el andamiaje legislativo para darle legitimidad, entonces el relato se convertirá en una verdad irrefutable. Una premisa necesaria e incuestionable, una sólida roca construida en el furor emocional que se origina en el lenguaje victimista.

La fuerza del relato es tan arrolladora en la sociedad escaparate, que la opinión que no se identifique, defienda y se posicione a favor del argumentario victimista es automáticamente condenada al ostracismo social. Sentenciada desde un ficticio supremacismo moral que expulsa de la vida social e institucional. En la dictadura de la narrativa de la victimización, se condena al discrepante, se le manda al ostracismo social y virtual, una suerte de apestado cuya presencia debe ser erradicada.

La narrativa inquisitorial se construye desde la necesidad de culpar para conquistar, buscando chivos expiatorios sobre los que dejar caer nuestra ira y nuestras frustraciones. Amparados en este discurso victimista, cualquier acto o palabra será justificado desde el púlpito de una supremacía moral e ideológica que se impone hegemónicamente desde el relato mediático, político, cultural e institucional.

Así, se construye la dictadura del lenguaje, que aniquila a quien señala y ampara a quien protege.

Desde esta narrativa dramática, forjada en un contexto psico-ficticio de corte emocional, se humaniza al personaje víctima, lo que genera una empatía inmediata con su causa. Del mismo modo, en la cultura de la cancelación, su argumentario se basa en deshumanizar al señalado, arrebatándole el más mínimo atisbo de dignidad, lo que lo coloca irrevocablemente en el lado incorrecto de la historia. Así, una vez estigmatizado, se le despoja de cualquier posibilidad de redención tras convertirlo en un leproso mediático y social.

Paradójicamente, así comienzan los procesos de destrucción de algunas estructuras vitales de las democracias occidentales.

Conceptos como la presunción de inocencia, el derecho al libre pensamiento, el derecho a las libertades individuales, el derecho al honor o a ejercer la libre expresión de nuestras ideas se ven amenazados por una narrativa arrolladora que, desde la perspectiva de la ofensa, deforma una realidad plural para convertirla en una realidad impositiva, totalitaria y despótica.

Difícil será defenderse de una falacia, un libelo, una difamación o una calumnia en una sociedad que reparte condenas mediáticas bajo un falso supremacismo moral que elimina sistemáticamente de la ecuación valores como la presunción de inocencia.

La nueva narrativa, cogiendo lo más detestable de la vieja, sabe de la necesidad de crear todo un abanico de personajes. Desde los culpables hasta las víctimas, del héroe al villano, del condenado al verdugo. Porque, con ellos, se construyen los chivos expiatorios y los referentes de una sociedad hambrienta de historias y de juicios.

En la sociedad Lumière, se automatiza constantemente la escenificación del agravio, que se impone a base de narrativas y discursos en el tejido de la construcción social. Vivimos en un mundo de fuerte carga sensorial, donde el extremismo emocional se impone desde la narrativa de la victimización y la cultura de la cancelación.

Además, en la sociedad escaparate, no se concibe vivir si no es amando u odiando de manera radical. Porque, ante el relato del miedo, el tiempo se hace efímero y, por tanto, la emoción debe estar siempre al límite para sentir que se aprovecha una frágil existencia. Se infantiliza el argumento de las emociones para forzar una introspección regresiva a una etapa de fuerte carga emocional como es la infancia. Por eso su discurso es simple, es burdo y se construye sobre la soflama, el lema y el titular.

La netflixización social y su uso extremo de la narrativa de la ficción son el origen desde donde se construyen los discursos de la victimización y de la cancelación, ambos correlacionados a través de un falso relato de identificación supremacista que se cree garante de la moral. De su moral. De su única visión del mundo. Del adoctrinamiento total a través de la perversión del lenguaje.

Es entonces cuando se pone en marcha una maquinaria que asfixia, condena y destruye, en nombre de una ética ideologizada y fanática. Que aniquila todo lo que queda fuera del discurso institucional, amparado por el relato de la corrección política. Un rodillo atronador que escenifica el activismo radical en el que se alimentan el odio y la rabia que brotan de la frustración.

Así, empieza el imperio del pensamiento único, donde la narrativa de la ficción sirve a la tiranía de las ideas y de una moralidad dirigida a imponer un monopolio ideológico que se disfraza en un lenguaje manipulador, ficticio, victimista y adoctrinador. De ese modo, las empresas, las instituciones, la política, las industrias culturales, la prensa, las escuelas, las universidades o los medios de información se impregnan de ideología, lo que genera un universo panfletario, sectario y uniforme. El relato queda reducido, exclusivamente, a la reivindicación del agravio. Y el agravio se convierte en patente de corso para cancelar y condenar todo aquello que molesta y se opone al pensamiento único y oficial. Este discurso cancelador se hace además desde el púlpito de la inmunidad que confiere la causa colectiva, que se identifica con lo correcto y se erige como garante de la nueva moralidad que rige el comportamiento social. Un catecismo adoctrinador que no admite el contraargumento, que no admite la derrota, la oposición ni el debate. Es una máquina insaciable que se alimenta del relato emocional y de ficción para destruir la verdad, el pluralismo y la razón. Que, en nombre de un supuesto progreso, diluye la libertad para crear un estado de conciencia colectivo que zombifica a una sociedad deslumbrada por los fuegos artificiales de una narrativa ferozmente convencida de estar en el lado correcto del tablero.

Las campañas de cancelación, señalamiento y condena, realizadas desde las instituciones, colectivos y medios de comunicación, y promovidas por los movimientos *woke* americanos y europeos, han emergido en el mismo corazón de las sociedades occidentales, destruyendo su esencia y sus libertades para, escondiendo nuevas formas de autocracia inquisitorial, eliminar cualquier forma de discernimiento individual que pueda descolectivizar la causa ideológica. Para la autora americana Noelle Mering, la semilla de los movimientos *woke* se encuentra en la escuela de Fráncfort[23], cuando desde ella se entendió que la identidad debía convertirse en el campo de batalla, sustituyendo al de la lucha de clases.

El sistema de pensamiento *woke* fundamenta el discurso en no dejar libre de ideología ningún espacio, incluido, como cuenta la misma autora, la vida interior de cada persona, para hacerlo «totalizador». Así, el movimiento pretende reconducir el sentimiento interno del individuo para reprogramarlo hacia nuevas construcciones narrativas que corrijan sus ideas y, sobre todo, su manera de percibirse e identificarse en el entorno social. Pretende colectivizar el sentimiento y las ideas, para conformar un nuevo concepto hegemónico de entender la vida y la sociedad. Escribe un nuevo catecismo de comportamiento y un nuevo credo de pensamiento. Lo impone a través del miedo disfrazado de un código ético sectario al servicio de sus propios intereses. Miedo a quedar desterrado socialmente, miedo a expresarse a través del contrarrelato, miedo a oponerse, miedo a la masa, a lo único, a lo hegemónico. Miedo a perderlo todo. Incluso la propia identidad. Ese es el miedo que ayuda a que se expanda el discurso de la cancelación en las sociedades del bienestar. Cuando se acumulan bienes y estatus social, perderlos es la mayor condena para quien

23 Originada en el Instituto de Investigación Social de la Universidad de Frankfurt en 1924. De orientación marxista, se fundamentó en su crítica a las sociedades industriales desarrolladas a través de la famosa *teoría crítica*. En ella, se rechaza la imparcialidad y la objetividad, buscando una liberación al entender que cualquier modelo de conocimiento viene sesgado por los hechos históricos, la construcción social y los movimientos económicos.

se enfrenta al discurso hegemónico. La lucha por la verdadera libertad se ve paralizada por la ilusión de mantener una ficticia libertad.

Desde las mismas entrañas de algunas de las más prestigiosas universidades occidentales, de sus entramados culturales, económicos o mediáticos, se han desarrollado, defendido y proclamado políticas de cancelación donde la ofensa o el relato del revisionismo ha terminado por destruir carreras profesionales, conculcar derechos fundamentales, obligar a narrativas concretas e imponer discursos al servicio de determinadas ideologías y pensamientos de corte político y moral. No son pocos los casos de profesionales, artistas y docentes expulsados por no asumir dichos relatos. Por cuestionar el pensamiento único, o por hacer que el alumnado se enfrente, desde el discernimiento individual, al rodillo colectivista del que se impregnan las narrativas del victimismo y la cancelación. La mancha de la mal llamada cultura de la cancelación[24] se ha extendido como una pandemia por muchas de las instituciones académicas, culturales, empresariales o mediáticas de la civilización occidental.

En nombre de un supuesto revisionismo moral, que enfatiza su discurso en la imposición de un comportamiento ajustado a unas reglas de corte autoritario, se condena al ostracismo social, profesional y económico a individuos que, una vez convertidos en leprosos sociales, son colocados en el lado incorrecto de la historia.

Gracias a la potente narrativa de ficción, son identificados con el personaje antagonista del relato, que subyuga al protagonista (la víctima dramática), para generar un conflicto donde el espectador, en un rápido ejercicio de empatía emocional, se

24 Concepto que consiste en señalar, condenar y retirar el apoyo a una persona, marca o grupo al que, sin prueba alguna y de manera arbitraria, partidista y sectaria, se le presuponen acciones o afirmaciones ofensivas o cuestionables para practicarle un *bullying* grupal con el que hacerle parecer un ser despreciable que debe ser apartado de la tribu social.

posiciona en favor del protagonista para autoidentificarse en el lado correcto de la historia.

La cultura de la cancelación se nutre de la modificación del lenguaje para construir estructuras narrativas propias de la ficción dramática. Incluso se extiende al ámbito de la misma industria audiovisual, donde las historias, sus estructuras narrativas, los conflictos y los personajes son modelados desde una perspectiva ideológica[25] que los define, los censura o los critica por ser considerados inapropiados, ofensivos, incorrectos o problemáticos.

Esto atenta directamente contra el más básico fundamento de libertad creativa, sobrepasando los límites de la injerencia en la labor del autor, utilizando la obra para un adoctrinamiento subyacente hacia ideas, pensamientos, creencias y premisas que pretenden imponer nuevas realidades para modificar la manera de entender el mundo.

Para poder llevar a cabo este tipo de censura disfrazada, se utiliza, fundamentalmente, el lenguaje y la narrativa de la ficción. Las emociones se modifican para impregnar los sucesos de una capa moralista y hegemónica. Los personajes hablan, visten e interactúan bajo premisas adoctrinadoras que trabajan el relato impositivo tanto desde sus emociones como desde sus acciones. Los conflictos se ideologizan para buscar la identificación del espectador con la causa y el mensaje. Los diálogos utilizan el lenguaje modificado para imponer inconscientemente el relato. Con este abanico de herramientas, se va construyendo el escenario sobre el que representar un discurso que se va inculcando en el imaginario colectivo a través de la ficción dramática.

25 Algunas teorías en la industria audiovisual de la ficción, como el test de Bechdel o el test de Vito Russo, estudian y denuncian la aplicación tanto de personajes femeninos como de la comunidad LGTBI en las obras dramáticas de ficción, aplicando, según unos criterios y preguntas determinados, un baremo para conocer la relación de fuerzas con otros personajes, el rol que desempeñan en la obra y la fuerza narrativa que se desprende de ellos.

Son numerosas las obras literarias, teatrales, operísticas, fílmicas, museísticas y divulgativas que son revisadas, canceladas, modificadas, cercenadas, amputadas y borradas para adecuarse a un nuevo pensamiento que, en nombre de conceptos como la diversidad, el progreso y la inclusión, no respetan la verdadera diversidad, ni el verdadero progreso ni la verdadera inclusión. Se recubren de una capa de dulce narrativa poética para enmascarar sus verdaderas intenciones, que no son más que las de cancelar, censurar, prohibir y erradicar todo pensamiento, idea y argumento que pueda interferir en sus intereses y prioridades. La obra de ficción debe ser un espacio donde las ideas y valores opuestos se confronten de manera constructiva, lo que contrasta con la cultura de la cancelación, la cual busca suprimir voces discrepantes y condenar al ostracismo al contraargumento.

No son pocas, como ya hemos dicho, las empresas e instituciones occidentales en las que ha nacido y se han impuestos este tipo de discursos cercenadores. Varias universidades anglosajonas han construido el horno donde se han cocinado estas narrativas, procurando aglutinar el relato de la cancelación y el victimismo para, una vez impuesto en sus propias raíces, exportarlo a la sociedad global. En el nombre de toda clase de derechos individuales y colectivos, se ataca a la libertad de expresión, vistiendo el discurso en una narrativa emocional que intenta posicionarse hegemónicamente en la apropiación de lo moral, de lo ético y de lo correcto.

Sigilosamente, el relato se abre paso. Empresas y multinacionales imponen entre sus empleados un código de conducta que adoctrina hacia comportamientos de corte sesgado y reminiscencias ideológicas. Las instituciones docentes, desde los institutos hasta las universidades, imponen entre sus docentes y alumnado los mismos códigos de conducta, modificando el lenguaje, la narrativa y los hechos, para terminar incorporando la ideología a través del relato. Los medios de comunicación se aferran a este argumentario para controlar el hecho informativo y comunicarlo a través de las mismas herramientas anteriores.

Las instituciones públicas y privadas abrazan y desarrollan este modelo para amplificarlo y esparcirlo desde sus centros, vistiéndolo así de una ilusoria apariencia de oficialidad. Todo se arrodilla ante la ideología *woke*, construyendo desde la ofensa un discurso victimista que refrenda la cancelación gracias a la manipulación ejercida desde la narrativa de ficción.

Se despide a profesores universitarios, como el caso de Bright Sheng, acusado por los alumnos de la universidad de Michigan de racista por poner en clase la versión cinematográfica del Otelo negro protagonizado por el actor Laurence Olivier. En dicha obra, al actor se le pintó la cara de marrón para encarnar al personaje de color, por lo que, con el paso de los años, los movimientos identitarios la han considerado racista. Ante este sinsentido autoritario por parte de la comunidad estudiantil, el profesor se disculpó enviando un comunicado enumerando varios artistas pertenecientes a diferentes razas y etnias que había contratado a lo largo de su trayectoria. Esta explicación terminó por enfurecer aún más a la masa.

La directiva acabó despidiéndolo del centro.

En el mundo de la creación artística, no son pocos los casos de carreras y reputaciones que han sufrido el rodillo cancelatorio. Es en el ámbito de la industria cultural donde ha arreciado con más fuerza el sentimiento de adoctrinamiento moral y, por tanto, donde más se ha dado la cultura de la cancelación a través de violentos tribunales populares. Esta identificación con la garantía moral, con la fabricación de un catecismo identitario en el ambiente cultural, surge de arrogarse un supremacismo moral e intelectual que confunde la libertad de expresión con una especie de necesidad perentoria de ejemplificarse ante el espectador. El autor ejemplar del discurso oficial, comprometido con la ideología identitaria a través de su obra y de su personaje, le confiere un halo autofabricado donde, al entenderse como figura popular, se considera un líder que debe crear tendencia, garantizar un código ético e influenciar en la masa social, a la que, en muchos casos, infravalora intelectual y moralmente. La creación de discursos identitarios e ideológicos por parte de las figuras mediáticas es un fenómeno aglutinador que potencia el relato, lo amplifica y lo dota de una supuesta veracidad. Existe, por ello, una especie de obsesión desde estos estratos profesionales, por posicionarse con el relato ante una sociedad adicta a encontrar referentes con los que identificarse. Personajes donde justificar la victimización de su propia condición o percepción de la realidad.

Así es como, en el ámbito del universo cultural, se han generado algunas de las campañas de cancelación más brutales, injustas y reaccionarias propias de la sociedad Lumière.

Y es así como, lo que debía ser el ambiente más disidente, revolucionario e indomable, el más abierto a la crítica y el más beligerante contra el poder establecido y su discurso hegemónico, ha terminado no solamente seducido ante dicho relato, sino que, además, se ha convertido en uno de sus mayores defensores y propagadores a la hora de ejecutarlo.

Acusaciones, difamaciones y libelos llevados a cabo a través de la rumorología, sin pruebas que los sustentaran, pero generando un daño irreversible a las carreras de quienes los padecieron. Escritores, cineastas, actores, productores, pintores o músicos han conocido el latigazo brutal de un público ferviente de cadalso y condena. En muchos de estos casos, incluso pasaron por juicios de los que fueron declarados inocentes y absueltos de los cargos por los que se les señalaban, pero, ante la verdad, la sociedad calla y olvida. Ante la verdad, el relato se aleja, se difumina, pero nunca se disculpa. El daño se regodea en la herida y, cuando esta cicatriza, el discurso cancelatorio ha creado anticuerpos.

Los medios de comunicación, las redes sociales y las instituciones claudican ante la infamia. Ante la maledicencia y el relato cancelatorio. Se arrodillan ante el discurso de la supuesta víctima, a la que se le eleva a los altares de la verdad y se la protege con el blindado cristal de una empatía interimpuesta. Sin conflicto, no hay historia. Sin historia, no hay relato. No se exigen pruebas, porque las emociones se adueñan del debate, y la narrativa de ficción se encarga de posicionar rápidamente a las partes. La verdad no es bienvenida, porque la razón es incompatible con el discurso cancelatorio. El cadalso se levanta con urgencia, y el hacha se afila con premura. Cada ciudadano saca el juez que lleva dentro, ese inquisidor que nunca mira hacia dentro y que busca en carne ajena saciar la sed de justicia y contrarrestar sus propias frustraciones. Una masa voraz e insaciable se construye en torno a un discurso con el que se identifica, convertido en una escenografía del agravio y la empatía. Donde expiar los propios pecados en la hoguera del señalado.

Donde nos creemos mejores.

Se vive, así, una auténtica batalla por apropiarse del lenguaje. Por retorcerlo y desdoblarlo para ponerlo al servicio de la ideología, deformándolo para aparentar la condición de víctima y posicionarse en el lado correcto del relato y de la historia.

En épocas anteriores, las plazas públicas eran el epicentro aglutinador de las más bajas condiciones humanas, donde ardían en hogueras los libros y el saber que supuestamente atentaban contra una moral omnipresente, exterminando en juicios sumarísimos a quienes atentaban contra el pensamiento colectivo discrepando del discurso establecido. Hoy, las plazas y cadalsos son unos pocos caracteres en una red social, pero el objetivo sigue siendo exactamente el mismo: imponer una nueva moral al servicio de una causa ideológica en un credo fanatizado. Una moral asfixiante que impregna hasta los más recónditos laberintos del mundo institucional, mediático, empresarial, educativo, religioso, político y social, supurando su recalcitrante hedor hasta hacer la atmósfera impracticable para quien se niega a ponerse la máscara de la infamia.

El lenguaje, como herramienta de construcción narrativa, es el arma suprema del nuevo catecismo ideológico. Un catecismo autoritario e inquisidor que destruye aquello que pueda interponerse en su camino. Que devora al disidente. Un relato para gobernarlo todo y a todos.

La narrativa se pervierte para ponerla al servicio de una causa suprema, que se manifiesta en la trilogía de la cancelación[26], compuesta por la acción conjunta del señalamiento, la censura y la condena. Con ella, se crean víctimas y verdugos, justos y cobardes, héroes y villanos. Se manipulan los conflictos, se retuercen los argumentos y se refuerzan las ficciones, otorgándoles una apariencia de realidad. Se pone al servicio de las minorías, de las mayorías, de las creencias, de las verdades y de las mentiras. Se reza desde el panfleto adoctrinador de la propaganda mediática, institucional y política.

El lenguaje es el código que identifica lo correcto con el protagonista, el discurso con la víctima oprimida y la sentencia con el antagonista opresor. El relato es fundamental para sostener el fanatismo inquisitorial del que se alimenta la cultura de la cancelación *woke*, como las censuras en nombre de una hinchada que, en nombre de la religión, las creencias o los extremos ideológicos, son incapaces de ver más allá de sus propios miedos, filias y fobias.

Con este relato victimizador y cancelatorio, se toma al asalto el discurso institucional, político y social, para construir narrativas de ficción emocional con las que destruir reputaciones, condenar inocentes y fabricar leprosos sociales pervirtiendo las garantías propias de los estados de derecho.

El discurso victimista se convierte en un eficaz acto de identificación para quien lo ejerce, que busca y consigue una rápida aprobación social que lo empodera, lo refrenda y le confiere una protección automática. Por eso, un enorme elenco de personajes populares, famosos y mediáticos deciden echarse en brazos de

26 Término acuñado por el autor.

esta narrativa para presentarse socialmente como víctimas de todo tipo de conflictos, situaciones e injusticias. Siempre, protagonizando un relato de adversidades y confrontaciones pasadas y presentes para, de esa manera, conducir el discurso emocional desde el protagonismo que confiere el rol de víctima. Una vez identificado el relato con el personaje, se crea el rechazo al victimario, que, como antagonista de la historia, recae sobre él toda una narrativa condenatoria en la que la masa social encuentra el anhelado chivo con el que expiarse.

La víctima se empodera y, en su discurso, exige. Exige beneficios personales y colectivos para la causa, posicionando sus prioridades como necesidades urgentes que deben ser satisfechas si se quiere ingresar en el lado correcto de la historia. La víctima y su discurso globalizan el mensaje en una dicotomía irreversible: O con ella, o contra ella. No hay prudencia ni reflexión. No hay discernimiento ni ecuanimidad. Es puro estado emocional que brota de la narrativa de la ficción y sus herramientas discursivas.

Un ejército fanatizado de inquisidores, defensores a ultranza de una falsa moral y un comportamiento sectario consuma en ilegítimos juicios populares sus anhelos. Tras ellos, se disfrazan y camuflan sus propios pecados, complejos y miserias. Abanderados de la causa, patriotas de sus ideas, hacen de las mismas el centro de una existencia enfervorecida cuya razón de ser consiste en imponer su visión del mundo a toda costa. Cueste lo que cueste. Caiga quien caiga. Y, si para ello es preciso, condenarán, acosarán, señalarán y difamarán destruyendo los derechos y las libertades fundamentales con los que disfrazan su discurso. Parasitarán las instituciones, asociaciones, medios y colectivos para imponer su relato y, de esa manera, legitimarlo y revestirlo de una obscena oficialidad.

Quemarán libros, derribarán estatuas y censurarán películas y canciones. Arrancarán páginas enteras, expulsarán y silenciarán al discrepante.

Arderán en la hoguera de su discurso artistas, políticos, deportistas, periodistas y toda clase de profesionales, condenándolos a un ostracismo social, por no comulgar con su cosmovisión maniquea y estrecha de la vida.

Impondrán su lenguaje, sus ritos y costumbres. Y, en nombre del progreso, del bien común, de la democracia y de la conquista de derechos, propagarán su doctrina y aniquilarán a todo aquel que se atreva a contraargumentar, demostrar o confrontar su relato. No hay razón ni verdad que puedan defenderse ante la incurable enfermedad de un fanatismo convencido de tener razón.

Es la máquina insaciable que conforman la cultura de la cancelación y los discursos de la victimización, nuevos paradigmas de una sociedad escaparatizada y escenográfica, donde sus sótanos están llenos de frustraciones, complejos, rabia y dolor. Una sociedad cinematográfica y dramatizada que discurre al ritmo del lamento y tiene en la ofensa permanente su verdadero *leitmotiv*.

Un relato lleno de una ficción narrativa emocional que pervierte la realidad, para ponerla al servicio de sus intereses personales y colectivos.

En su nombre, se deslegitima y despersonaliza al rival político. Se condena a quien no coincide con el discurso oficial y se señala a quien se enfrenta al pensamiento único. Se corrompen los estados de derecho y las democracias contemporáneas mientras se legitiman relatos llenos de mentiras y de odio. Historias cuyo verdadero objetivo es el de destruir reputaciones, adoctrinar a las masas y crear un espacio ficticio donde victimizarse, que es la manera más eficaz de empoderarse.

Este relato se asume, ejecuta y amplifica por y desde el gran entramado empresarial de las multinacionales, las instituciones gubernamentales, los medios de comunicación de masas, las redes sociales, las fuerzas políticas y los *lobbies* de poder. Parasita Gobiernos e identidades, colectivos y asociaciones, instituciones y multinacionales, para imponer el relato y hacer que se extienda como una mancha de petróleo en el océano. Se solidifica en el imaginario social, gracias a un incesante patrón de repetición consciente y constante.

El credo se instaura lenta, pero decididamente. Se utiliza en las escuelas, instituto y universidades. En los pasillos y en los despachos. En los ministerios, en los comités de empresa y en las instituciones deportivas. Se introduce en la industria artística a través de la obra literaria, de los escenarios y de la ficción audiovisual. Canciones, series, películas, libros, revistas, artículos, documentales y libretos enraízan desde sus tramas con el universo del relato único, construyendo desde la ficción narrativa un mensaje de hegemonía ideológica circunscrito en el pensamiento exclusivo.

En algunas multinacionales y empresas, se instaura como un valor determinante y fundamental a través de cursos, charlas y conferencias obligatorias. Se instruye a sus empleados en pautas de comportamiento que construyen los nuevos escenarios de control social. Se llega incluso a instaurar una atmosfera de presión, donde el disidente termina por desaparecer. Se apagan las voces discrepantes a golpe de *complains*, denuncias, tribunales internos, señalamientos y canales que amparan y fomentan la denuncia anónima. Incluso se ha llegado a preguntar por las tendencias políticas e ideológicas de los empleados para, en algunos casos, ser perseguidos por ello.

Se crean cargos supervisores de terminologías, comportamientos, discursos y realidades cada vez más parecidos a comisarios políticos que, en realidad, encubren el objetivo de ideologizar el producto para ejercer un adoctrinamiento social a través del consumo.

Los nuevos inquisidores se visten con las inmaculadas ropas de una supuesta moral que, en realidad, practica una tiranía despótica. Hambrientos de cadáveres, entierran todo aquello que pueda oponerse a su dictado y que pueda hacer sombra a su narrativa totalitaria. Funcionan como un tribunal popular, deslegitimizado para ejercer juicio alguno, pero empoderados al albur de los discursos ideológicos que pretenden una hegemonía del relato cultural y social.

Son las nuevas corrientes cancelatorias, que eclosionan como una plaga en todo el planeta.

Son los movimientos *woke* o la mal llamada cultura de la cancelación. Una de las fuentes donde se origina la decadencia de Occidente, destruyendo un legado que generaciones enteras nos ofrecieron con tanto esfuerzo y sacrificio.

Así es como funcionan los mecanismos de la narrativa de ficción para fabricar los discursos de la cancelación que devastan la cultura occidental y la llevan, progresivamente, a una decadencia.

Así se fabrican los discursos con los que nos quieren cancelar.

Bienvenidos a la era de la narrativa de la cancelación y la victimización.

Donde, casi siempre, gana quien cuenta la mejor historia.

Capítulo 6

LA CONSTRUCCIÓN DE LA NARRATIVA DE LA FICCIÓN EMOCIONAL: CREAR EL RELATO PARA POSICIONAR EL DISCURSO Y GANAR LA CAUSA

«El relato, la narración, es la llave de todo».
Stanley Greenberg

Hay un horno donde se forja todo discurso narrativo. Unos ingredientes necesarios para construirlo y un chef que debe cocinarlos para llegar al punto de cocción que terminará dando forma al relato deseado con el que conquistar el paladar emocional de la masa social.

Fabricar un discurso no es tarea fácil. Pero fabricar un discurso que consiga desarrollar emociones, construir tendencias, instaurar opiniones, generar necesidades, desarrollar certezas e instaurar modelos de comportamiento es una tarea delicada, compleja e incluso peligrosa. Pero, una vez construida eficazmente, es indestructible.

El poder de la palabra es arrollador. Un arma de destrucción masiva capaz de generar la chispa desde la que originar conflictos con un poder de devastación inigualable. La palabra es el pensamiento hecho realidad. Es dar vida al silencio para convertirlo en una idea capaz de despertar todo lo que está en estado de latencia.

El discurso, la narrativa de ficción y el relato cobran cada vez más importancia en las sociedades digitales hiperconectadas, donde la información y los contenidos son el alimento en los que se sustentan y desde donde se consumen. En un mundo superconectado, donde lo instantáneo se hace esencial y el contenido es objeto de culto, la narración es cuerpo, fe y alimento.

Por ello, no es de extrañar que la narrativa de la ficción se haya abierto paso hasta ser la mayor fuente de comunicación social de la historia. En la era de la netflixización social, todo es una historia. Todo es un relato. Y todo se consigue gracias a una buena narrativa.

Porque no debemos olvidar que todo el mundo quiere que le cuenten una historia. Aunque esa historia sea mentira.

Los líderes políticos contemporáneos vuelven a beber de las fuentes de los líderes nacionalistas y comunistas de mediados del siglo xx, que, a su vez, buscaban referentes en los emperadores y monarcas de los grandes imperios de la historia, quienes ejercían con la espada y la retórica el poder de dominar a naciones enteras. Subyugaban a sociedades aterrorizadas tanto por el filo del arma como por el filo de la palabra. El relato, como arma persuasiva, ha favorecido a los audaces que han sabido dominar el arte de la retórica a lo largo de la historia.

Deme un buen relato y gobernaré los imperios.

Saben que el pueblo es esclavo de la narrativa cuando esta se construye de forma eficaz y con las herramientas adecuadas. Que el discurso tiene más poder que la batalla y que la guerra es el último recurso de quienes no saben conquistar con la palabra.

La esencia fundamental del ser humano nunca cambia, y de ella brota la perenne necesidad de contar historias para integrarse en el entorno, desarrollar su instinto, unir a la tribu y propagar el conocimiento como legado intergeneracional que trabaje la subsistencia de la propia especie.

A imagen y semejanza de los ministerios de propaganda de regímenes y politburós autoritarios, vemos cómo los departamentos de comunicación institucional y publicidad de los diferentes Gobiernos occidentales dan cada vez más importancia al discurso narrativo por encima de la acción política.

Si, tras la Segunda Guerra Mundial, la propaganda política fue rechazada como elemento fundamental en los Gobiernos occidentales, al estar ligada a regímenes autocráticos y dictatoriales vencidos en la contienda, con el paso del tiempo, y tras la llegada de las sociedades de la hipercomunicación digital, el relato vuelve a adquirir una importancia suprema en el entorno político, institucional y social.

La guerra informativa, los bulos, la desinformación, las llamadas noticias falsas, los globos sonda, los eufemismos o los señuelos narrativos toman una relevancia extraordinaria al expandirse de manera descomunal tanto en las fábricas de información como en el número de maneras y formatos para acceder a ella. Las redes sociales y la explosión descontrolada de los canales de comunicación han supuesto un resurgimiento del discurso como arma principal para posicionar las ideologías tanto a corto como a largo plazo. Hoy, más que nunca, el poder quiere adueñarse de la información. Canales públicos y privados de medios de comunicación ejercen de propagandistas del relato oficial, mientras desprestigian a los rivales con un relato sectario con el que demonizarlos y posicionarlos en el lado incorrecto de la historia. Desde los Gobiernos occidentales, parapetados en democracias cada vez más acorraladas y debilitadas, se lucha por controlar y colonizar los medios informativos y las instituciones con la excusa de controlar la desinformación.

Desde los mismos Gobiernos, se ejercen cada vez más acciones que soslayan las libertades fundamentales, mientras son vendidas como necesarias decisiones por el bien del progreso y del bienestar común. En algunos casos, se llegan a ejercer políticas de corte totalitario que, camufladas en la narrativa de ficción y un discurso efectista y terminológico en nombre de la democracia, terminan siendo aceptadas por la sociedad como un mal menor. Una de estas acciones es la colonización ideológica de las instituciones y de los poderes del Estado. Se parasitan con comisarios políticos al servicio del relato impositivo, que ejecutan como autómatas las órdenes de los mandatarios, incluso cuando las órdenes puedan ser descaradamente reprobables o discutibles.

La separación de poderes, una de las garantías fundamentales de las democracias occidentales, se diluye y fragmenta sutilmente para contralar las calderas del Estado.

Al mismo tiempo, la creciente obsesión por la igualdad total o la insoportable necesidad de obtener y tener razón en el argumentario sociopolítico derivan en las estrategias de la confrontación social, originadas en la polarización sistemática de la narrativa para crear comunidades enfrentadas, donde el discurso reparte los roles de buenos y malos en función, exclusivamente, de la ideología que profesan.

El relato termina desplazando a la ciencia, al dato, al hecho y a la razón. En él y con él, se construye todo un universo de méritos ficticios y discriminaciones encubiertas donde el valor para ascender y tener oportunidades en el marco profesional, social o institucional lo determina exclusivamente una azarosa condición adquirida que no construida, como puede ser el estatus social, el origen étnico, la ideología política o el género, destruyendo el talento como motor indivisible del progreso común. Triunfar por cuota y no por mérito es la esencia que marchita la flor de la cultura occidental y desplaza a quienes forjan su destino en la fragua del esfuerzo, del mérito y del talento.

De este modo, se construye y alimenta un fanatismo irracional y devastador que termina convirtiéndose en el mayor enemigo de la verdadera libertad de los ciudadanos y sus capacidades innatas y adquiridas.

Así es como, de manera encubierta, los gobernantes y las élites fabrican individuos cada vez más empobrecidos intelectual y económicamente, haciéndolos más dependientes de Estados convertidos en máquinas tuteladoras que saquean al contribuyente para luego darle una limosna con la que parasitar sus necesidades y desarrollar en el imaginario colectivo una falsa sensación de seguridad, apelando a un discurso mágico sustentado en la terminología de lo justo, lo igualitario y lo social.

Se coloniza el mensaje mediático, político e institucional, para ponerlo al servicio del poder y, de ese modo, unificar en una sola ideología la manera de comportarse, de relacionarse y de sentirse en el mundo.

Pero en la época de la sociedad Lumière, donde todo se escaparatiza y se prioriza en favor de una imagen corporativa al servicio de las emociones sociales, esto solo se hace posible si se desarrolla desde una efectiva consciencia narrativa.

La fuerza de la nueva narrativa digital, que se propaga a una velocidad de vértigo gracias a la fugacidad de sus posibilidades comunicativas en las redes sociales y su tecnología de última generación, constituye a día de hoy una varita mágica capaz de manipular, activar o ensordecer a la masa para adoctrinarla con tal precisión que pueda ser llevada a un estado de anestesia total donde incluso situaciones que ponen en cuestión la esencia más fundamental de la dignidad humana puedan llegar a ser ensalzadas como indiscutibles necesidades en favor del progreso social. En este contexto, la polarización politicosocial se hace indispensable para que las ideologías puedan mantenerse en el poder o aspirar a él. Esta polarización es absolutamente necesaria para poder generar este tipo de relatos, que se fabrican, sobre todo, con dos variables imprescindibles: el tiempo y el dinero.

La codicia que provoca el desmesurado anhelo de poder se envuelve en un falso ejercicio de supremacismo moral, del que emana un discurso narrativo cuyo argumentario se disfraza en la promesa de la justicia terrenal, el progreso colectivo y la igualdad total.

A pesar de todo ello, la fuerza de la narrativa tiene un poderoso enemigo. La verdad no puede esconderse tras la narrativa de ficción, por muy fuerte que esta sea. No hay discurso capaz de justificar lo injustificable. No hay relato capaz de embellecer lo abominable. Como tampoco hay narrativa, ni siquiera la de la mejor ficción, que sea capaz de esconder la realidad de los hechos, a pesar de los intentos actuales para incluso relativizar la realidad científica, natural y biológica.

Las ideologías que se han quedado sin argumentario razonado y sostenido en el rigor histórico ya solo pueden construir una narrativa de ficción envuelta en conflictos políticos y sociales que se perpetúan y se crean con la única necesidad de mantener las emociones a flor de piel. Con ellas, se llenan las urnas y se justifican toda clase de acciones que destruyen los valores indivisibles a la condición humana, la construcción ética de estados, el reconocimiento del individuo como ser capaz y la indiscutible libertad individual para forjar el estricto proyecto de vida personal. Por eso, las democracias occidentales contemporáneas se ven poco a poco convertidas en rehenes de minorías identitarias, de discursos polarizadores, de escenarios ficticios y de los discursos categóricos y emocionales que, en realidad, solo sirven para encumbrar los intereses personales de una élite que pretende poseerlo todo a través del discurso de la ficción narrativa.

Estalla una batalla soterrada, pero cada vez más cruenta, entre los valores ilustrados de la razón y el mandato moral de corte arbitrario. El rigor queda atropellado por una suerte de fanatismo emocional que convierte las pulsiones comunitarias en mandamientos que se imponen y adoctrinan desde un relato moral, sectario y subjetivo. La concepción caprichosa de los hechos termina por sobrescribir la realidad, borrando de la misma toda información que pueda desfigurar el relato ideológico y emocional.

Se desmantelan los valores tradicionales propios de la cultura occidental al ser reubicados en el lado incorrecto de la nueva historia. Una historia reescrita con el objetivo de borrar el pasado y ejercer una nueva visión del contexto social que destruye al individuo al sustraerle su capacidad individual de madurez, y disolverlo en una masa uniforme que solo responde ante la melodía colectivista que se alimenta de soflamas, relatos y discursos cada vez más ideologizados y menos sujetos al rigor de la razón y la clarividencia. Destruirlo todo para construir una suerte de caos, amoldado únicamente a los intereses partidistas de colectivos, Gobiernos y grupos de poder que utilizan el relato emocional para ganarse la aceptación de una masa social que es hipnotizada por una narrativa de ficción construida en la terminología del bien común.

Un discurso cuyos argumentos, cada vez más pueriles, simples y polarizados, se instalan fuertemente en lo más profundo del inconsciente colectivo para refrendar con él y en él cualquier decisión que se tome, por muy arbitraria e injusta que parezca.

Esto solo podrá ejecutarse si se contrala el relato y se trabaja la narrativa de la política-ficción, donde el lenguaje de la polarización extiende el conflicto para posicionarse en el lado correcto de la historia.

La dualidad es tan simple como eficaz. Es una elección de corte moral que parte del concepto existencial de supervivencia social; la clave es hacer decidir al ciudadano en una diatriba que tiene poco espacio para la reflexión: yo o la barbarie; yo o la nada; yo a la involución; yo o la muerte. Es la polarización narrativa para construir héroes y villanos. Es la ficción convertida en lo cotidiano.

Controlar el relato es conquistar el contexto, controlar el discurso es dominar el texto. Controlar el lenguaje de la narrativa de ficción es someter la realidad.

El pensamiento único lo impregna todo. Divide a la sociedad entre los buenos ciudadanos, quienes acatan y se alinean con ese pensamiento colectivo, y los que no lo son, que deben ser expuestos y descubiertos por los primeros. Se genera un difuso e imperceptible clima hegemónico que despierta en cualquier movimiento o actitud dignos de sospecha. Así, los ciudadanos pasan de ser seres vigilados a ser seres vigilantes y, además, hacerlo mientras se creen garantes de lo correcto.

De ese modo, se construye una opinión unificada compuesta por una serie de premisas sesgadas que son aceptadas por el imaginario social como verdades absolutas e irrefutables. La «teoría del cultivo»[27] se va implantando en el imaginario colectivo desde la aceptación de una conciencia de tribu, la necesidad de un enemigo externo que en teoría oprime o amenaza a la tribu y la necesidad de mantenerse unidos frente a estos estímulos para crear una nueva relación con el entorno. Por consiguiente, una vez crecida la semilla del discurso, la raíz es tan fuerte que es imposible de arrancar. De ese modo, el relato queda impregnado por generaciones enteras y en todas las capas de la sociedad.

Encontramos en ese nuevo discurso, construido a partir de las herramientas propias de la narrativa de la ficción, el verdadero origen del auge de la nueva política de la identidad emocional, la cual sustenta todos los movimientos que, de una manera u otra, han marchitado y marchitan la flor de la cultura occidental y europea tal y como alumbró el escritor austriaco Stefan Zweig[28].

---

27 Teoría desarrollada por George Gerbner y Larry Gross y originada en la aseveración de que el ser humano es la única especie que se desarrolla creando y contando sus propias historias. Esta teoría se asienta en la tesis según la que la realidad social se difumina en la mente del espectador cuando consume de manera indiscriminada la realidad retratada por la televisión y los medios de comunicación, donde, a través de la narrativa de ficción, el proceso de creación de historias pasó de fabricarse de modo artesanal a realizar productos manufacturados para el consumo masivo, que termina deformando la realidad en la mente del espectador.

28 «Por mi vida han galopado todos los corceles amarillentos del Apocalipsis, la revolución y el hambre, la inflación y el terror, las epidemias y la emigración; he visto nacer y expandirse ante mis propios ojos las grandes ideologías de masas: el fascismo en Italia, el nacionalsocialismo en Alemania, el bolchevismo en Rusia y, sobre todo, la peor de todas las pestes: el nacionalismo, que

Hemos entrado en ese momento en el que, cuando uno dice lo que piensa, y no piensa lo que todos piensan que debería pensar, entonces ya no quiere seguir pensando, no sea que lo que piense sea algo que pueda hacer pensar a los demás que hay alguien que piensa cosas que no conviene pensar.

La autocensura se instala automáticamente en las sociedades y comunidades donde el relato se oficializa con mayor agresividad. Por eso, no es extraño ver cómo, en algunos campus universitarios de América y de Europa, se persigue con dureza, al estilo de pogromos ideológicos, cualquier contrarrelato que ponga en duda el discurso oficializado por las políticas colectivistas y el pensamiento hegemónico identitario. Se reprime la libertad de expresión. Se anulan y persiguen las ideas y asociaciones que discrepan o ponen en duda el pensamiento único. Se someten a violentos linchamientos a los conferenciantes y asistentes a charlas que se salgan del camino trazado o que se enfrenten al sistema mononuclear del relato impuesto. Se persigue socialmente al disidente y se cancela profesionalmente al que decida resistirse al rodillo ideológico de la mayoría vociferante. Todo, envuelto en un marco supraideológico en el que se admite la premisa de que los hechos dejan de ser sagrados para arrodillarse ante el totalitarismo de las emociones colectivistas y de la identificación referencial como elemento de culto social.

¿Cómo es posible que se pueda llegar a estos niveles de imposición con una pasmosa impunidad por parte de quien los ejerce? Gracias al eficaz relato que se construye desde el conocimiento de la narrativa y el lenguaje de la ficción.

Para poder entender cómo se fabrican los relatos con los que nos quieren gobernar, controlar, asustar, ideologizar, convencer y cancelar, hay que entender la cosmología del complejo universo desde el que se fundamenta su misma creación. El horno

---

envenena la flor de nuestra cultura europea».

narrativo debe ponerse a la temperatura adecuada para desarrollar correctamente los tiempos de cocción. En ese sentido, la construcción del relato se desarrolla como recetario para la creación del discurso emocional a través de las herramientas propias de la narrativa de ficción. Un discurso que, aplicado a las diferentes facetas de la vida, puede ser una herramienta extraordinaria para comunicar, persuadir, emocionar, convencer y fascinar.

En primer lugar, se necesita un conflicto. La premisa principal de la ficción es que, sin conflicto, no hay historia. Sin confrontación, no hay espacio para desarrollar ficción, porque, precisamente en la dualidad enfrentada de percibir la realidad, está el corazón del discurso.

El llamado *casus belli*[29] funciona como el suceso detonador que, desde una fuerte carga emocional, enciende la mecha de la posibilidad. Se necesita una causa porque, sin causa, no hay conflicto y, sin él, no hay historia. No hay batalla. No hay posibilidad de discurso. El caso genera el conflicto, y cuanto mayor es el conflicto, mejor es la historia.

El suceso detonador debe ser atractivo para la masa social, conseguir llamar la atención y activarse desde el instinto más visceral de la condición humana. Su fácil comprensión y las características emocionales que le otorguen una rápida absorción intelectual podrán posicionarlo en el debate social lo más rápido posible. No es necesario que gire en torno a un suceso importante, pues incluso la más ambigua acción puede ser juzgada desde lo moral para convertirse en una enorme polémica que desate todo un debate social cuyas posibilidades se ramifiquen en toda una lista de posibilidades acción-reacción.

---

29 Expresión del latín que alude al acto constituyente de un choque, un enfrentamiento o un conflicto donde dos o más partes entran en desacuerdo con el objetivo de imponer su criterio.

Una vez conseguida la atención del gran público, no se debe dejar tiempo para que poder discernir sobre la calidad, la irracionalidad o el posible sesgo del contenido. La fugacidad es imprescindible en el relato emocional. Dejar tiempo da posibilidad a escrutar el contenido y racionalizarlo. Todo debe accionarse desde lo inmediato para que el espacio de la razón quede anulado y no tenga capacidad de reacción.

Tras posicionar el *casus belli* en el imaginario colectivo y convertirlo desde lo fugaz, en un debate social de corte emocional, ahora, llega el momento más crítico para la cadena discursiva: el proceso de identificación sobre la base de la polarización dual.

Es sumamente importante la identificación de los actores que protagonizan el caso para polarizar el suceso entre una dualidad antagonista: buenos y malos, víctimas y verdugos. Evitar cualquier equidistancia racional argumental fundamental para el proceso. La identificación colectiva debe definir rápidamente el rol de cada uno de los activos y posicionarlos en el lugar donde el espectro ideológico tome forma personalizándose en cada uno de ellos. Esta construcción sistemática de los personajes se practica desde la creación de la primera historia jamás contada. Desde la oscuridad de los tiempos, el héroe y su viaje dramático han ocupado de manera indiscutible el rol protagonista en exclusividad en toda clase de relatos dramáticos. La narrativa universal de la ficción, salvo algunos casos excepcionales como en la escenografía circense o en la comedia costumbrista, ha utilizado el concepto de heroicidad como el fin absoluto de la más alta condición humana, pues en él y de él surge la demostración de valores éticos que el individuo puede demostrar como ser social. Un acto heroico es la cúspide de la perfección moral y ética de la condición humana. La admiración que desarrolla en la tribu fascina al convertirse en referente de todo aquello a lo que aspira el ser para conquistar el bien absoluto. Incluso en la poética aristotélica, el héroe trágico, dentro del drama acumulado en su esencia, enaltece la condición humana al inmolarse en la adversidad de los hechos o en su trágico final. El propio Aristóteles encumbra al héroe trágico al elogiar la virtud que lo transforma no tanto en el camino que va desde la prosperidad hasta la adversidad, sino a su capacidad de error como cualidad intrínseca a la fragilidad del ser mortal. El héroe se forja, fundamentalmente, en una serie de acciones que lo refrendan ante la tribu como un bienhechor que se posiciona como una extensión de la bondad y la fuerza divina en la Tierra. Algunos de estos elementos escenográficos son, por ejemplo, la conquista de derechos o territorios para el mejor desarrollo de la comunidad, corregir una injusticia provocada con anterioridad reponiendo la justicia terrenal, enfrentarse al poder destructor de las fuerzas de la naturaleza o salvando la vida ajena enfrentándose a un código totalitario y represivo que aniquila la bondad humana. El héroe salvador, conquistador, justiciero y reparador, se convierte, además, gracias a la iconografía de la ficción dramática, en un ejemplo de belleza estética que se asocia a la belleza ética. Desde los juglares del Medievo hasta la industria del cine y la ficción audiovisual, la fabricación del héroe y de la heroína se modula en el indivisible eje del valor ético con el valor estético. De ese modo, el concepto de héroe se convierte, gracias a la narrativa de ficción, en un referente aspiracional para el imaginario colectivo, donde el espectador ve confluir la sublime belleza ético-estética en la figura humana, que, en realidad, funciona como una representación terrenal de la divinidad espiritual. Un dios de carne y hueso que produce la admiración y el anhelo de ser emulado por el individuo soñador. Un referente desde el que emprender un camino de evolución para dignificar a la humanidad y demostrar que la condición del individuo aspira a algo más allá que a la alineación, la subyugación, el sometimiento y la injusticia.

El héroe es, pues, la fuente imprescindible desde la que se forja la identificación dual en la acción del relato. Es el icono representativo del bien y quien se posiciona automáticamente en el lado correcto de la historia. Es con quien quiere y tiene que identificarse el espectador rápidamente, para justificarse a sí mismo como garante de una moral que lo autoidentifica a su vez con el lado correcto de entender la vida y las acciones que, como ser humano, está dispuesto a acometer en ella. Identificarnos con el héroe del relato nos dignifica como individuos pues, de ese modo, reflejamos la capacidad propia de discernir entre el bien y el mal. Nos coloca en el espacio de lo ético y lo estético, y nos da una carta de presentación ante el resto de la comunidad. Nos hace parte del relato y nos identifica con el lado correcto del mismo. Nuestro nexo con el héroe hasta hace poco era la admiración por sus acciones y, sobre todo, por la virtud que los ensalza a pesar de sus debilidades e imperfecciones humanas. El héroe no debe ser perfecto, ni impoluto ni irreprochable. El héroe es humano y, como tal, el proceso de identificación se hace más fuerte cuando este muestra su nobleza a pesar de sus errores, propios de una condición imperfecta como es la humana. Su imperfección ensalza su proeza, pues sus actos se enfrentan no solo al conflicto externo con la fuerza antagonista, sino que lo hace además desde la lucha interna con su propia imperfección ética y moral, lo que lo lleva, en muchas ocasiones, a un trágico final. Este dramático final lo coloca en la cúspide de la admiración colectiva, al dar su vida por el bien común y otorgarle así el valor inestimable de una comunidad que progresa gracias a la pérdida de su propia existencia.

Sus acciones son el reflejo de los valores en los que se han sustentado las culturas milenarias. El esfuerzo, el mérito, el deber, el valor y el sacrificio han estado intrínsecamente relacionados con el héroe narrativo, siendo su figura la eclosión final del compendio de virtudes posibles en la figura humana.

El héroe ha sido el protagonista indiscutible del relato dramático, escenográfico e iconográfico hasta nuestros días.

Pero algo ha cambiado en el nuevo relato ideológico con la llegada de las nuevas formas de discurso social.

Ahora, el héroe incluso llega a ser denostado por algunos relatos contemporáneos. Su figura, asociada a dichos valores, llega a ser molesta por las connotaciones de ideal estético, ético y escenográfico con las que ha sido representado a lo largo de miles de años. Las nuevas corrientes ideológicas de la batalla cultural acechan su figura, a la que consideran elitista, hegemónicamente masculina, conservadora e incluso opresora. El héroe se forja en el esfuerzo, en el mérito e incluso en los valores morales y éticos asociados a las culturas religiosas de Occidente, hegemónicamente cristianas representadas iconográficamente en la figura del Cristo redentor del mundo, salvador de la humanidad y líder supremo que vence al mal con el sacrificio de su persecución y muerte.

Los nuevos discursos ideológicos, con la cultura *woke* como ariete, necesitan derribar la figura del héroe para ensalzar la de la víctima como un nuevo paradigma del referente social. Ahora, la víctima se disfraza de héroe. Y lo hace a través del discurso narrativo de la victimización, el cual supera al del esfuerzo y el mérito, conceptos que combatir en la obsesiva cultura de la hiperigualdad. Se construye al protagonista desde la tragedia de su propia vulnerabilidad. Se le hace víctima de la injusticia y la opresión para justificarlo y convertirlo en una nueva figura referente que sustituye al héroe tradicional.

Un protagonista victimizado y vulnerable al que se le encumbra sobreprotegiéndolo para humanizarlo al extremo y conseguir la fácil y rápida empatía del espectador social. De ese modo, en la era de la netflixización social, donde la emoción se genera en el relato de una ficción victimista, el nuevo héroe convertido en víctima se coloca inmediatamente en el lado correcto de la historia para desplazar los valores tradicionales de un héroe obsoleto, rancio, reaccionario e innecesario para la nueva ideología *woke*. En esta dualidad, el protagonista enfrenta y confronta con el antagonista, que se personifica en el «personaje verdugo»[30], deshumanizándolo, desfigurándolo, caricatu-

---

30 Desde la perspectiva de la dualidad del conflicto en la narrativa de ficción, el protagonista y el antagonista, conceptuados como héroe y villano, se

rizándolo y difuminándolo. Además, se otorga al protagonista el beneficio de la realidad irrefutable, pues el rol posiciona la verdad en la condición de víctima de manera automática. En su tragedia, el espectador empatiza con la causa, otorgándole una verdad emocional que no necesita de razones ni argumentos para hegemonizarse.

Uno de los ejemplos más trascendentes de este nuevo argumentario que deconstruye al héroe tradicional tomó forma con la reformulación de la figura del Joker, personaje antagonista del superhéroe encarnado en el reconocidísimo cómic de Batman. Pocas narrativas han tenido tanta dualidad épica en el enfrentamiento visceral entre el bien y el mal como es la visión del mundo que se desprende de la iconografía del superhéroe del cómic de los años de la guerra y la posguerra.

La figural de Joker representa las más bajas pulsiones de la condición humana en una oscura y fría escenografía representada en la ciudad de Gotham. La dualidad conflictual entre el bien y el mal marca las aventuras del hombre murciélago, un héroe personificado en un solitario millonario que, a pesar de haber heredado la fortuna de sus padres, no consigue apaciguar su alma atormentada por el trágico asesinato de sus progenitores. El Joker, por el contrario, busca la devastación, la muerte, la aniquilación y la derrota de su rival, a través de la subyugación de los ciudadanos y el exterminio del imperio de la ley. Esta antítesis conflictual entre ambos personajes de la ficción narrativa lleva retratándose desde el primer número que salió al mercado en el año de 1939[31]. El Joker es, desde entonces, uno de los iconos narrativos mejor identificados con el mal, simbolizando el

---

reubican dentro del nuevo discurso ideológico y mediático, como la víctima y el verdugo, polarizando las emociones de amor/odio desde el posicionamiento del espectador y provocando la elección personal entre lo moral y lo inmoral.

31 Creada por Bob Kane, Bill Finger y Jerry Robinson, apareció publicado por primera vez en el número 27 de la serie de libros Detective Comics en 1939.

desprecio por la vida y por los valores fundamentales en los que se sustenta la existencia individual y colectiva.

Era el villano por antonomasia. Hasta ahora.

De repente, algo cambió en el imaginario colectivo cuando el actor Joaquin Phoenix se puso en la piel del Joker en la versión cinematográfica que se estrenó en las salas de todo el mundo en el año 2019.

La narrativa había cambiado y, con ella, la visión del personaje. Ahora, ocupaba el papel protagonista desde una revisión narrativa de su conducta donde se reinterpretaba el origen psiquiátrico de sus acciones. El personaje se revalorizaba al presentarse como un revolucionario en contra del sistema y del poder establecido. Su conducta se justificaba desde el estigma de la salud mental, y sus acciones fueron convertidas en reacciones producidas por el colapso de su personalidad debido a su condición de enfermo. Se victimizó al personaje. Se le dotó de un humanismo incomprendido, víctima de una injusticia que se originaba en el desprecio del *establishment* y la sociedad hacia su propia condición. El Joker, el villano, se revelaba por primera vez como un producto de la injusticia social, reescribiendo su historia para convertirlo en el paradigma del nuevo héroe atormentado por culpa de un sistema capitalista despreciable, inhumano y egoísta.

La narrativa de la ficción había dado un giro de ciento ochenta grados en la construcción del nuevo protagonista para sepultar al héroe tradicional de la saga.

La película y su revisionismo narrativo habían dado a un personaje despreciable y antagónico hasta entonces la posibilidad de convertirse en un referente, un símbolo antisistema llamado incluso a despertar la conciencia social sobre el verdadero origen del mal. Un mal que se ejecuta y propaga desde las entrañas del sistema capital que condena al pobre, al sometido, al subyugado, al enfermo, al vulnerable y al débil. Desde esa perspectiva, no solo se justificó y se encumbró la figura del villano como una víctima del entorno y del contexto con derecho a redención, sino que incluso se puso en cuestión la figura del héroe tradicional de la narrativa dramática en la saga. Batman pasaba a ser, para algunos críticos cinematográficos, un superhéroe reaccionario e involutivo que ya no era necesario ni representaba a una sociedad en proceso de cambio, mucho más concienciada con las víctimas que con los héroes tradicionales. El Joker llamaba a la revolución, a pesar de toda la violencia que desataba en sus acciones, pues estas estaban justificadas en su condición de víctima. El villano se había redimido. Y lo hacía gracias a la narrativa de ficción política que veía, desde la hiperideología, la posibilidad de un discurso destructor para reivindicar la figura de la víctima en detrimento de un héroe tradicional al que había que eliminar.

Así, el relato redefinía las reglas de la percepción emocional de lo ético y de lo correcto para, a través de la ficción, posicionarse frente a los valores tradicionales y revertir el proceso de construcción identificativa del espectador con los protagonistas de una historia. De nuevo, el mensaje volvía a vestirse en el relativismo narrativo, donde la violencia tenía la posibilidad ideológica de ser justificada cuando el origen de la misma se origina en una supuesta injusticia social. El relato encontraba un icono referencial para esparcir el mensaje en un entorno de hiperconectividad ideológica y digital. La figura del Joker, un ser ficticio de corte despreciable, autoritario, misógino, miserable, asesino y embaucador, se convertía en una víctima del sistema y, por ende, en un héroe anticapitalista cuya iconografía se llegó a utilizar en diferentes manifestaciones y protestas radicales de corte político y social en diferentes partes del mundo.

De nuevo, la narrativa de ficción había conseguido que la emoción se posicionara frente a la razón, estructurando el relato en la dualidad polarizadora entre víctima/verdugo u oprimido/opresor. El lenguaje narrativo y la estructura de la batalla cultural son influidos exclusivamente por la ideología política, que coloniza la iconografía y la escenografía audiovisual para generar con ella estados de opinión emocional que, rápidamente, se impregnan en una idealización colectiva del contexto.

Del mismo modo, vemos cómo los medios de comunicación compran y reproducen el discurso y su estructura narrativa al pie de la letra. A menudo, retratan a los protagonistas de las noticias como personajes con características definidas según el código narrativo expuesto. Mientras se narra el hecho conflictual, rápidamente se reparten los roles de víctima y verdugo, opresor y oprimido, para generar una predisposición inconsciente en el marco mental de un espectador eminentemente pasional, emocionalmente vulnerable y predispuesto, más que nunca, a la narrativa de ficción dramática.

Esta simplificación de la realidad y de los hechos refuerza estereotipos y polariza la opinión pública, objetivo último de las ideologías que, lejos de convencer con los hechos, han decidido apostarlo todo al poder del relato emocional en una sociedad netflixizada, exhibicionista y escenográfica.

Una vez identificados los protagonistas del caso con su rol predeterminado, y habiendo posicionado al espectador en un marco mental en el que se identifica con el lado correcto del relato, polarizando sus emociones y determinando la estructura ética del mensaje, es esencial pasar a la fase en la que se desarrolla el campo terminológico del discurso. La clave para construir este relato es utilizar terminología buenista, una especie de poesía narrativa de corte ideológico que entra fácilmente en el subconsciente de la psique, gracias a una eficaz elección de las palabras que, de un modo u otro, se identifican en nuestro marco mental con las más altas cotas de bondad humana.

La llave está en conectar de la masa social a través de conceptos de corte ético-morales, como son las ocho claves del discurso impositivo, compuestas por los términos de diversidad, inclusión, igualdad, sostenibilidad, transversalidad, progreso, justicia y eficiencia.

La llamada Agenda 2030 es el catecismo vehicular de este discurso impositivo, que contiene es su corazón argumental toda una estructura narrativa emocional construida con esta eficaz estructura terminológica.

Esta agenda institucional, que tiene un objetivo universal, es el máximo exponente del relato narrativo basado en la terminología del bien común. Todo se engloba en el mensaje de la justicia social como término absoluto. Un concepto asimilado por la sociedad como aglutinador, pero utópico y difuso en su implementación real.

Una vez asimilados los términos, el discurso se construye y desarrolla rápidamente en todos los ámbitos sociales, desde lo mediático hasta lo empresarial e institucional. Por miedo a sentirse excluidos de este campo ético y moral buenista, compran el relato para implantarlo en sus entrañas y venderlo como propio de cara al potencial consumidor cliente, el cual ha asumido con tanta facilidad esta narrativa que ya no acepta nada que no venga envuelto en este discurso impositivo para todos los públicos. En ese sentido, esta agenda institucional funciona de manera emocional con una precisión extraordinaria desde el punto de vista de la narrativa de la ficción. Encubre, en realidad, la imposición progresiva que elimina la propiedad privada y las libertades individuales, para implantar, a través del discurso de la terminología del bien común, una especie de comunismo digital encubierto en el marco de la ideología de la imposición colectiva. Sus tentáculos intentan colonizar todos y cada uno de los ámbitos domésticos, profesionales, culturales e industriales. Se impone progresivamente en las ciudades, los centros escolares, las universidades y las formas de concebir una nueva forma de movilidad, de consumo y de alimentarse.

En resumen, su función es impregnar todas las capas sociales incrustándose como un dogma en todo el sistema de vida del individuo y en la relación de este con su entorno. Una nueva manera de sentir, pensar, comportarse, comunicarse, alimentarse, moverse y desarrollarse en el contexto social y civil. Gracias al poder del relato y una cuidada terminología, se genera un discurso fácil de asimilar, casi redentor, que se impregna de manera efectiva en la psique colectiva al identificarse con los valores éticos que vende desde unos conceptos irrefutables, bondadosos y correctos. De ese modo, en las empresas e instituciones tanto públicas como privadas, en las comunidades, las organizaciones, los colectivos, asociaciones y en todas las estructuras organizativas, se impone la terminología y, con ella, un posicionamiento ideológico que genera una imagen corporativa políticamente correcta gracias al discurso emocional. La diversidad, la paridad, las cuotas de género y raza, el lenguaje inclusivo o la discriminación positiva toman forma gracias a la fabricación de esta estructura narrativa, donde la emoción desplaza a la lógica para imponer una manera de entender la realidad contextual.

A la hora de construir el nuevo relato mediático-social, es importante posicionar en el mismo una serie de claves que, estratégicamente colocadas, darán mayor consistencia a la narrativa de este. Lo emocional se posiciona rápidamente en el subconsciente. Lo viral se expande de manera instantánea por los canales de comunicación masiva. La premisa, simple y concisa, debe ser aglutinadora, incisiva e inequívoca. El mensaje debe tener una vocación profundamente adoctrinadora y unidireccional, y no dejar espacio al contraargumento debido a la rapidez con la que se propaga y se asimila. La terminología debe empatizar con el espectador, lo que provoca su inquietud y genera una necesidad de identificación con el lado correcto de la historia. Aquí es donde lo emotivo obliga a un posicionamiento inminente del individuo espectador, asfixiando la reflexión y monitorizando la emoción sin dejar tiempo al discernimiento, al análisis y la reflexión, los tres grandes enemigos del discurso adoctrinador. La posibilidad de anulación del contraargumento es fundamental para el éxito del discurso ficcional. Por tanto, ha de parecer que cualquiera que lo ponga en duda o critique, aunque se realice desde la objetividad, debe parecer equivocado y en el lado incorrecto de la historia. Cualquier ataque al relato debe ser posicionado sistemáticamente en un abyecto comportamiento humano, desde el cual se le condena a un ostracismo social a base de etiquetarle en la terminología del mal (fascismo, racismo, machismo, odio, fobia, ignorancia etc.).

El proceso identificatorio es imprescindible en la estructura narrativa del discurso. Su función es hacer que la mayor masa social posible se sienta identificada con la víctima protagónica del relato, creando un estado de paralelismo imaginario con el conflicto de esta. El espectador hace suyo el suceso para terminar sintiéndose parte de la víctima, a la que cree, protege, justifica y apoya de manera incondicional, creando un hilo de unión emocional que refuerza el relato en un sistema de creencias y sensaciones por encima de cualquier razón o análisis objetivo.

Finalmente, el relato necesita el refuerzo del imaginario colectivo, creando una corriente de opinión pública y publicada que pretende viralizarse a través de la indignación *ad populum*. Este es un estado emocional que corrobora y refuerza la idea de estar en el lado correcto de la historia desde la perspectiva de la ética y la escenografía de lo moral. En ese momento, el relato pasa por la fase de absorción total. Se produce un proceso en el que se refrenda visceralmente el argumento a la vez que se bloquea de manera inconsciente el posible contraargumento. Aquí es cuando la sociedad en general y el individuo en particular asumen el discurso para considerarlo como una realidad absoluta adherida al bien común, a pesar de construirse con una narrativa ficcional, subjetiva y adulterada.

De este modo, se pretende reescribir la realidad para, desde el uso de los instrumentos de la ficción narrativa, darle una nueva apariencia de verdad irrefutable. La creación de los conflictos dramáticos se basa en la agitación emocional y en la identificación de la polaridad ética y moral gracias a los personajes que ejercen una acción o la padecen. Los medios de comunicación de masas aplican esta técnica al resaltar el conflicto dramático enfatizando la confrontación en una nueva manera de relatar los acontecimientos y las noticias, exagerando desde el lenguaje y la narrativa la gravedad de los eventos para mantener al espectador emocionalmente involucrado. Se busca, de ese modo, construir historias convincentes, lo que a menudo implica la creación de un arco narrativo que incluye el detonante, planteamiento, nudo y un clímax de desenlace. Esta estructura narrativa se aplica a menudo a eventos reales, lo que da como resultado una distorsión de la realidad aplicando desde la forma y el fondo una falsa apariencia de veracidad en los hechos narrados. La obsesiva búsqueda para obtener la atención del espectador, debido, por un lado, a la fuerte competencia comercial entre canales, marcas, creadores de contenidos, plataformas y teleoperadores, junto, por otro lado, a la urgente necesidad de imponer un código ideológico adoctrinador, hace priorizar la agitación emocional sobre la verdad de los hechos. Esto origina, en muchos casos, la difusión de noticias falsas o la omisión de información relevante que, al no encajar en el relato, termina por destruir la verdad, el rigor y la lógica.

Así es como funcionan los mecanismos de la narrativa de ficción para fabricar los discursos emocionales que fanatizan, polarizan e hipnotizan a la población.

Así se fabrican los discursos con los que nos quieren convencer de que la verdad y el rigor son prescindibles. Que la realidad es solo una cuestión de percepción ideológica y que los hechos son siempre patrimonio de quien los describe.

Bienvenidos a la era de la narrativa emocional.

Donde, casi siempre, gana quien cuenta la mejor historia.

Capítulo 7

LA NARRATIVA DEL CONSUMO AUTOMÁTICO

Del buy now a la teoría de las cinco ces: consumo, control, confusión, censura y coerción

«Tenemos empleos que odiamos
para comprar mierda que no necesitamos».
Tyler Durden

La narrativa de ficción emocional ha desempeñado un papel crucial en la forma en que las sociedades occidentales consumen productos y servicios cada vez más sofisticados y diversos. En la actualidad, el estallido de los nuevos canales de comunicación digital ha desarrollado una nueva forma de llegar al espectador, más inmediata, más directa y asequible y, sobre todo, más abrumadora y constante, lo que hace prácticamente imposible distinguir la realidad de la ficción, no teniendo tiempo para procesar tal cantidad de información.

Desde el fenómeno *buy now*[32] hasta la aplicación de la teoría de las cinco ces[33] (consumo, control, confusión, censura y coerción),

32 Predisponer al público para el consumo masivo, priorizando el tiempo de llegada o de obtención del producto sobre otras cualidades, haciendo que el consumidor asuma esto como un valor necesario, posibilitando adquirir por la vía de urgencia un producto o contenido.

33 Teoría acuñada por el autor.

la ficción y toda su estructura narrativa y escenográfica influyen de manera significativa en los métodos de consumo masivo, afectando a la percepción de la realidad, a la toma de decisiones y a los comportamientos de los individuos con respecto a sus necesidades, sus prioridades y su relación con el entorno.

Desde la generación de deseos de acumulación material hasta la manipulación de las necesidades y la censura encubierta, la ficción narrativa al servicio del consumo masivo moldea la forma en que los individuos interactúan con los productos y servicios. El estudio y el análisis de estos impactos son esenciales para evaluar críticamente la relación entre la narrativa de ficción y el consumo social.

Existen una serie de prioridades dentro del relato narrativo que fomentan la cultura de la acumulación de bienes en la civilización universal. El consumo masivo de contenidos y productos, el control en el desarrollo y la distribución de estos, la confusión en el entorno, la censura y la manipulación de información y la coerción ejercida para forzar hábitos y dirigir voluntades y conductas suponen las claves fundacionales de la narrativa persuasiva que predispone al consumo indiscriminado. Estas cinco claves producen el relato que hipnotiza a un espectador en cuyo imaginario se impronta la necesidad de acumulación o la falsa sensación de carencia de bienes tanto materiales como inmateriales.

Con el relato y la potente herramienta de la narrativa ficcional, se construyen realidades alteradas que producen sensaciones de necesidad, priorizando sobre el individuo la actividad del consumo desmesurado.

Por otro lado, la cultura de la aprobación, donde el éxito es ganarse una cohorte de seguidores virtualmente zombificados, genera un falso estatus social a pesar de la falta de cualidades, talento o experiencia. En la narrativa de la ficción, se sustenta y construye el proceso para presentar la vida ficticia, ese perfil antagónico y virtual a nuestra verdadera esencia. Desde el discurso de la acumulación y el consumo, se renuncia a la realidad, pues esta se identifica como algo insustancial, insignificante y, en muchos casos, peligroso. Se derriban las estatuas después de quemar los libros. Todo se construye sobre una cuota mediocre, sobre un culto a la ignorancia elevada a categoría de conocimiento. Se buscan respuestas absolutas e inmediatas a inquietudes trascendentales, pero no tenemos la aplicación digital que nos dé las soluciones concretas y definitivas a nuestras carencias, miedos e indignaciones. No hay *buy now* para las preguntas trascendentales que se desprenden del conflicto esencial de la existencia y, por ello, recurrimos a mimetizarnos en el grito ensordecedor de la masa vociferante, de la aprobación colectiva y del consumo compulsivo.

Queremos que nos cuenten un cuento, un relato, una historia, porque nos reconocemos y encontramos cómodos e hipnotizados en la narrativa de la ficción. Queremos hacer de nuestra existencia un eterno orgasmo, ya incapaces de saber si estamos dentro o fuera de la pantalla. Una sociedad radicalmente emocionalizada anhela explosionar en el culto a lo ficticio en toda su dimensión.

Si la emoción es el motor del estado perceptivo, también lo es en el estado afectivo y aspiracional, ya que, en muchas ocasiones, y gracias a los estímulos que se generan a través de la neonarrativa del consumo, nos vemos convenientemente seducidos por productos que, en realidad, no forman parte alguna de nuestras necesidades reales y básicas, pero terminan convirtiéndose en anhelos irrenunciables con los que saciar un estado de ansiedad generado por la posibilidad instantánea de acumulación material.

Mientras alimentamos con nuestra esencia las grandes empresas tecnológicas, entregándoles nuestros datos, deseos y emociones, estas consiguen subyugar a los Estados para someterles a su poder omnipresente y convertirles en tecno-Estados, estructuras de gobierno paternalistas que monitorizan y pastorean de manera autoritaria nuestras vidas, usos y costumbres.

Este proceso se da en un peligroso juego de interdependencia psicopolítica entre institución, empresa e individuo.

Para que este proceso sea posible, se necesita la construcción de un neorrelato emocional, construido sobre estructuras obtenidas de la ficción narrativa, trabajando en el conflicto y la trama. Estas estructuras dramáticas nos predisponen a creernos protagonistas de una aventura cuya realidad consiste en consumir en el enorme pasto digital producido para el consumo de contenidos en masa y anhelar vorazmente lo innecesario.

Se anestesia nuestra falta de capacidad crítica y nuestra sensación de vulnerabilidad, lo que termina fomentando necesidades acumulativas a través del *buy now.* Aparecen las identificaciones tribales como elementos de falsa seguridad y la asimilación de discursos emocionales de premisas con una fuerte impronta social, como única solución que garantice una segura y controlada evolución ficticia de la especie. Progresar a través del consumo es una de las falacias adquiridas por esta sociedad escaparatizada. Una sociedad cinematográfica o Lumière que ve en la posibilidad de la acumulación de bienes el síntoma inequívoco del progreso evolutivo en las culturas occidentales.

La mastodóntica cadena de montaje en la que estamos convirtiendo la humanidad, a través del uso superlativo de la tecnología en detrimento de la creatividad y el discernimiento personal, genera un enorme apagón creativo. De ese modo, el proceso de rutina consumista que anestesia al ser se convierte en una ilusoria ausencia de incertidumbre, dejando al individuo desprovisto de la capacidad de reacción ante los grandes acontecimientos de la vida.

Es la precarización de la inteligencia a través de la uberización de las ideas[34].

---

34 Término acuñado por el autor, donde, en el contexto de las ideas, la «uberización» se traduce como la conexión de personas que tienen ideas con aquellas que pueden ayudar a desarrollarlas o financiarlas a través de una amplia red de colectivos que dan prioridad a la propagación sistemática de la idea en detrimento del estudio, la reflexión y el análisis de estas.

Se ha creado, gracias a la nueva narrativa corporativa, un lenguaje automático, una comida automática, unas leyes automáticas, una sanidad automática, unas relaciones automáticas, una educación automática, un trabajo automático, un deseo automático. Una existencia automática.

Todo ello, gracias a una automatización de las emociones a través de un relato prefabricado y monitorizado desde los Estados, las instituciones y las empresas.

Nuestros deseos se crean de manera automática, al igual que las filias y las fobias o las víctimas y los verdugos dentro del marco narrativo de la ficción emocional.

De manera mecánica, se nos dan las herramientas para satisfacer nuestras necesidades emocionales a través del producto o el contenido. Hemos redefinido el proceso de adquisición para incluirlo todo en los márgenes de un botón. El *buy now*. Las relaciones también son satisfechas gracias a un golpe de botón mecanizado, al igual que todo lo que es susceptible de ser vendido, comprado y adquirido. Todo esto acelera ese proceso constante por el que la búsqueda de la felicidad momentánea se resuelve en un instante fugaz, perdiendo, en realidad, todo el sentido que emana de la aventura del esfuerzo y de la posibilidad. Una especie de burocracia del deseo donde el proceso se convierte en un mecanismo lineal que produce satisfacciones ficticias con el mero hecho de presionar un botón que resuelva nuestras ecuaciones emocionales y materiales.

La robotización del trabajo, a través de la digitalización automática de la mano de obra, se acelera hasta sustituir incluso a la mente, donde una inteligencia artificial llevará el proceso creativo un paso más allá. Incluso, algunas multinacionales del entretenimiento narrativo deciden si un proyecto es producible o no, introduciendo la historia en un *software* que la analiza en función de la combinación de una serie de parámetros.

Todo se analiza fugazmente desde el argumento, interpretando, de manera matemática, si la historia dramática es lo suficientemente óptima para llegar a dar fuertes beneficios industriales. La utilización de la inteligencia artificial para decidir el éxito de una pieza artística es el paradigma de la despersonalización humanística, y demuestra el grandísimo miedo y rechazo a la posibilidad del error humano y natural, premisa que se ha instalado en el modelo corporativo de beneficio industrial.

Minimizar el riesgo en las acciones que emprender es algo comprensible, pero, cuando es la acción automática del algoritmo la que se impone a la intuición y la posibilidad del fracaso, entonces se llega al punto de la obsesión artificial por una seguridad absolutamente ilusoria e irreal.

En la posibilidad del fracaso, está parte de la realidad humana, por no decir que ahí radica su verdadera grandeza. Se ha creado un estado de pánico social hacia la posibilidad del fracaso y el error humano. Desde la toma de conciencia del ser, somos educados, de manera consciente e inconsciente, en eludir sistemáticamente el fallo para imponernos la incesante búsqueda del éxito material. Fracasar no es una opción en el modelo educativo, deportivo, institucional, personal o empresarial. Algo curioso si tenemos en cuenta que muchos de los grandes avances de la humanidad, tanto a nivel colectivo como a nivel individual, provienen de las crisis, los errores, el azar y los fracasos. Aprender del error es el gran crecimiento del ser. Las máquinas no aprenden del error, solo lo preconizan o lo evitan desde el cálculo matemático de la probabilidad, cosa interesante y necesaria debido a la precisión de los resultados en diferentes campos profesionales. Pero el uso de la creatividad aleatoria originada en la intuición y el talento es incomparable a la capacidad de cálculo algorítmico en términos absolutos.

La rentabilidad a través de la inteligencia digital es un reflejo directo de una sociedad automática que no está dispuesta a adentrarse en la aventura de lo impredecible por miedo a una posible derrota. La toma de decisiones produce pánico, como el sueño de la razón produce monstruos. Por eso, se decide dejar la elección a la máquina, para eludir la responsabilidad del ejercicio de elegir, de discernir y, por consiguiente, de errar.

Dejamos de humanizar la toma de decisiones para escondernos en la trinchera de la maquinaria tecnológica.

El mercado del capital se convierte en un campo de batalla cruel, donde los beneficios y las pérdidas dejan millones de cadáveres acribillados por los rendimientos económicos. La experiencia y la intuición se sustituyen por el algoritmo y la ecuación, lo que puede dar lugar a la fabricación de productos uniformes, correctos, predecibles y monótonos que, imposibles de distinguirse en su esencia, solo existen en función de un modelo predictivo y monótono.

El ser progresa también hacia un estado emocional cada vez más vulnerable, lo que supone una extraordinaria oportunidad para el proceso de implantación basado en un autoritarismo tecnológico construido desde la narrativa del miedo. Los verdaderos valientes son cada vez más pequeños en comparación con la enormidad de sus rivales. Así, las grandes corporaciones y multinacionales pasan de ser empresas a convertirse en proto-Estados con, incluso, en algunos casos, mayor fuerza que los propios Gobiernos políticos.

El campo de batalla está en la fabricación estable de una propaganda eficazmente teledirigida gracias a la posesión de datos individuales que dejan desprotegida a la sociedad. Debido a ello, se vulnera su privacidad y sus libertades esenciales a través de la oscura comercialización de sus usos, gustos y costumbres. Este proceso se hace realidad gracias al rastro de nuestros movimientos digitales, cuyas huellas sirven de combustible para generar el relato constante con el que se crea un estado de psicosis colectiva por el hábito del consumo.

Esta narrativa de ficción produce estados emocionales predispuestos a generar necesidades ficticias que solo dejan de supurar momentáneamente, cuando se practica la adquisición compulsiva de bienes y servicios. La teoría de las cinco ces convierte esta estructura en una eficaz propaganda comunicativa que acecha la pisque individual y colectiva, y crea estados de ansiedad que solo encuentran una falsa cicatrización en el hábito de la acumulación continuada.

La narrativa de ficción ha demostrado, a lo largo de los tiempos, ser una herramienta eficazmente poderosa para estimular el consumo masivo, y producir en el individuo una falsa necesidad de acumular bienes que no necesita. Esta posibilidad es priorizada, por los medios de comunicación y el relato empresarial, como un derecho indivisible a la existencia y al progreso en las civilizaciones actuales.

La creación de sociedades escaparatizadas genera individuos que, cada vez más, anhelan la posesión de bienes materiales para mostrarse al mundo a través de un disfraz ilusorio en el que camuflar sus inseguridades, miedos y complejos. El consumo masivo de contenidos y bienes es la base de una economía que busca ansiosamente el beneficio indiscriminado dentro de un mundo de recursos limitados.

A través de historias convincentes y atractivas para el público/espectador, desarrolladas bajos los cánones de la ficción dramática, se crea un deseo emocional en los potenciales consumidores, lo que genera la sensación de una urgente necesidad por poseer, comprar y consumir. Los elementos narrativos, como la construcción de personajes definidos, tramas dramáticas, conflictos y mundos imaginarios, se utilizan estratégicamente para vincular productos o servicios con experiencias deseables, imaginadas, soñadas y anheladas. El *buy now* se convierte, así, en una respuesta natural e inmediata a la conexión emocional establecida por la ficción, lo que facilita el consumo impulsivo y genera un bienestar psicológico en el hecho de adquirir y adueñarse de un producto.

La ficción también desempeña un papel fundamental en el ejercicio del control sobre la mente de los consumidores.

A través de las características de su narrativa, se pueden moldear percepciones, valores y creencias. En la actualidad, las historias de ficción aplicadas al *marketing* comercial ganan fuerza y presencia debido a la netflixización de la sociedad, acostumbrada a este tipo de lenguaje, el cual ha asumido como propio y necesario. Este control narrativo y todo su espectro de condicionamiento emocional son utilizados, por multinacionales, marcas, entramados empresariales y corporaciones, para dirigir el pensamiento colectivo y manipular al individuo y su comunidad en la toma de decisiones como potenciales consumidores a pequeña y gran escala.

Este mismo discurso a modo de lenguaje de ficción también puede contribuir a la confusión en el consumo masivo, al difuminar las líneas entre la realidad y la fantasía, lo verdadero y lo ficticio. A medida que las narrativas se vuelven más complejas y envolventes, los consumidores pueden tener dificultades para discernir entre la información real y la imaginaria.

Esta capacidad por dirigir y adoctrinar al consumidor se refleja frecuentemente en la publicidad contemporánea, que incide especialmente en el lado más emocional del comprador para despertar un estado de alteración psicológico que lo predisponga a adquirir todo tipo de productos. Se despierta, así, el lado más aspiracional y experiencial del espectador, que pretende suplir una supuesta carencia con el acto de posesión fugaz.

Es evidente que, en la presentación de los diferentes productos, es donde las historias ficticias pueden exagerar características o crear expectativas poco realistas que deformen y confundan la mente del espectador.

La confusión resultante de este ejercicio puede llevar a decisiones de compra precipitadas y emocionales, basadas en percepciones distorsionadas que afectan a la calidad y la relevancia de los productos, lo que genera un estado de ansiedad y decepción al consumidor una vez que el producto se muestra en su realidad y al no cumplir las expectativas deseadas.

Por otro lado, la ficción narrativa también puede adoptar y llevar a posibilidades relacionadas con la censura en el consumo de masas. A medida que las historias exploran temas controvertidos, emocionales y más enfocados a despertar el instinto y el inconsciente, pueden producir e imponer restricciones por parte de diferentes sectores de la sociedad. La censura de algunas narrativas, sean o no de ficción, puede limitar la pluralidad de opciones y restringir la libertad de producción y consumo, lo que impacta negativamente en la variedad de opciones disponibles para los consumidores. Esta censura puede tanto surgir de autoridades, instituciones, Gobiernos o conglomerados empresariales como ser desarrollada y autoimpuesta por parte de productores, vendedores y distribuidores que, bajo un estado de confusión, persuasión e imposición, sienten inseguridad y miedo en la toma de decisiones, buscando, de esa manera, evitar controversias con el mensaje político o ideológico establecido. Desde la Agenda 2030, se realizan diferentes imposiciones encubiertas para censurar, dirigir y controlar el consumo de la población, amparándose en el relato del bien común, gracias a una cuidada y escogida terminología ética. Este discurso adoctrina al ciudadano y a la comunidad dirigiendo sus necesidades y métodos de consumo hacia un nuevo modelo enfocado a cambiar los hábitos que se sustentan en el libre mercado además de influenciar y presionar sobre la libre disponibilidad y elección del producto.

Desde este prisma narrativo, la ficción también puede ser utilizada como una herramienta de coerción en lo que al consumo y las estrategias de venta se refiere. A través del lenguaje, se pueden aplicar técnicas persuasivas que influyan de manera determinante en las decisiones de compra. Los mensajes subliminales, las campañas enfocadas desde un sutil sesgo ideológico, la creación de necesidades artificiales y la manipulación emocional en función del contexto y la condición social del espectador son estrategias que, cuando se aplican con destreza, pueden llevar a los consumidores a actuar en contra de sus propios intereses.

Esta coerción, a menudo imperceptible y disfrazada en la terminología del bien común, contribuye a la conformidad y la adopción de patrones de consumo predefinidos que, en muchas ocasiones, no ayudan a un verdadero consumo responsable por parte de los ciudadanos.

Pero ¿qué ocurre cuando el individuo se convierte en un autómata digital, educado y programado para desarrollarse en un sistema de productividad progresiva e insaciable donde el consumo excesivo es una nueva religión, y el aglutinamiento de capital se convierte en una nueva emoción?

Si algo se puede comprar, es porque se puede crear. Si se puede crear, se puede pensar. Si se puede pensar, se puede contar, y si se puede contar, se puede comprar, adquirir, poseer y experimentar. Es el circulo mágico del proceso consumista emergente, originado desde la suprema devoción por el capital, que se adhiere a la piel social de manera compulsiva, despojando de conciencia crítica a gran parte de la humanidad.

En el despertar social al que nos vemos sometidos deambulando entre conflictos, cambios y crisis, eclosionan, como si de una gran ficción se tratase, los psicodramas escénicos propios de la existencia, que convierten a los ciudadanos en personajes de una pseudonovela cuyo relato se forja en la incertidumbre que surge de no poder consumir nuestra propia existencia en formato de capítulos y temporadas.

La ficción ha consumido a la realidad para convertirla en una emoción perpetua que viene alimentada por los nuevos procesos de comunicación de masas y las nuevas relaciones sociales. Este proceso de superconexión digital produce un estado latente de ansiedad en la población que, en muchos de los casos, produce una adicción constante por consumir contenidos de manera masiva e indiscriminada.

El público consume sus experiencias y los productos materiales de manera cada vez más parecida a una serie o una película de ficción. La forma de presentarle esa realidad al espectador utiliza cada vez más los procesos de construcción narrativa propios de la ficción.

Esto es utilizado por las multinacionales de contenidos y las empresas de bienes aprovechando las emociones que suscitan estas narrativas.

Estas estrategias de venta agresiva a través del relato emocional hacen que cada vez tengan más poder y eficiencia a la hora de fabricar una necesidad masiva por el consumo total. Todo, además, realizado desde la comodidad de la venta *online*, que, con un solo gesto, acerca miles de millones de productos y posibilidades de ocio y entretenimiento a un público deseoso de experimentar el proceso de adquirirlos.

Multinacionales, entidades bancarias o grandes empresas tecnológicas y de comunicación social aprovechan la coyuntura para imponer una cultura de hiperconsumismo que anestesia a la población. Se crean necesidades inverosímiles que, de alguna manera, funcionan como un enorme productor de serotonina global al generar una ficticia felicidad en el hecho de obtener, consumir y acumular de manera incesante y cíclica.

Un orgasmo perverso donde el umbral de la felicidad a través de la autocontemplación, el consumo de bienes innecesarios y el culto a la imagen por encima del intelecto han creado una explosión de supuesto placer que ha terminado dañando las terminaciones nerviosas de una sociedad emocionalmente estresada y extremadamente susceptible a los cambios, al esfuerzo, al sacrificio y a la incertidumbre que se esconde en el milagro de la vida.

El objetivo es tenernos ocupados. Miles de millones de personas valen únicamente lo que producen, y los beneficios industriales necesitan que las personas se sientan útiles formando parte de una cadena de superproducción que sobreabastece un modelo de consumo basado en la creación de necesidades a futuro como única manera de alcanzar la plenitud como individuo. Es decir, la zanahoria delante del burro se ha convertido en una emoción psicosomática de necesidad digital y consumible para apaciguar la sensación de vulnerabilidad que los medios de comunicación, los Estados y las multinacionales crean a través de una narrativa estratégica para contar los acontecimientos propios del curso de la vida.

La felicidad del individuo no puede circunscribirse dentro de los estrechos márgenes que encontramos en la acción de presionar un botón en el que descargar un contenido digital o donde adquirir de manera instantánea una necesidad prefabricada. Ninguno de nosotros ha venido al mundo para ser una herramienta al servicio omnipresente de la productividad, como la productividad no puede ser un modelo único al servicio del obsesivo beneficio industrial.

Ante el enorme milagro de la existencia que se nos ha dado y de la que formamos parte, tenemos un compromiso que va mucho más allá de la acumulación mundana y del regocijo artificial basado en estímulos que generen estados de una ilusoria necesidad. Si formamos parte de un tejido emocional, es porque formamos parte de las posibilidades que emanan directamente de la inquietud individual por el conocimiento, la acumulación espiritual y la riqueza intelectual que pueda desarrollar una sociedad verdaderamente útil a las necesidades innatas que se adquieren del mismo compromiso social e individual.

En los felices años veinte del siglo veinte, el *marketing* y la publicidad combativa ya habían experimentado con la idea de promover el consumo a través de las emociones proyectando el éxito en la posesión del bien material.

Tras la Segunda Guerra Mundial, los años cincuenta rebosaban purpurina adolescente mientras la unidad familiar se erguía como núcleo principal del consumo. El coche, la casa, las vacaciones, la ropa o el televisor empezaban a ser ya bienes al alcance de la clase media no sin desterrar el esfuerzo y el largo plazo, como camino obligatorio para alcanzarlos. En Europa, se fiaban los síntomas de recuperación a través de un modelo de consumo basado en el ahorro, el crédito y la explosión del turismo. Marcas y empresas habían encontrado en la clase media el gran negocio sobre el que soportar las ventas y el consumo global.

Una premisa era común a todo ese modelo de consumo que llegó hasta la década de los noventa: todo puede ser comprado y adquirido, solo hay que esperar a que llegue el momento. Se esperaba hasta completar los plazos y las letras de pago. Se esperaba para ver el próximo capítulo de las series favoritas de semana en semana. Se esperaba a que llegara agosto para irse de vacaciones. Se esperaba a las calificaciones de final de curso para poder montar en bicicleta. Se esperaba al domingo para comer fuera o a la Navidad para darse ese capricho que guardaba el escaparate a lo largo del año. Se esperaba por todo aquello que se anhelaba mientras, a varias generaciones, se las educó en la ecuación de que todo esfuerzo conlleva una recompensa. Se esperaba por todo sin que, en general, eso supusiera un foco de ansiedad que colapsara las agendas de las consultas de los psicólogos. Simplemente, se esperaba. Porque había tiempo y porque generaciones enteras vivían aún para recordarnos que ellos esperaron mucho para poder dejar el fusil en la nevera. Se esperaba y punto.

El *marketing* lo había conseguido. Había conseguido que poseer, adquirir, acumular, gastar y ostentar fueran un objetivo primordial en los sistemas sociales occidentales hasta bien entrada la década de los noventa. Habían conseguido entrar en los estudios universitarios, posicionarse como una herramienta imprescindible en todos los modelos productivos. Habían conseguido abrir nichos de mercado inimaginables hace décadas y, sobre todo, se había conseguido hacer creer a todo el espectro social que cualquier cosa estaba al alcance con solo pedir un crédito o pagar a través de los famosos cómodos plazos.

Y, aunque ciertamente en las casas se aglutinaban cada vez más cosas innecesarias pero imprescindibles para creer que se progresaba, había algo que aún se aferraba al sentido social y que, de alguna manera, frenaba la posibilidad de disparar los beneficios empresariales: aunque ya no había miedo a vivir, aún había tiempo para hacerlo. Por lo tanto, no había prisa por tener y acumular.

El *marketing* chocaba con el tiempo.

Y entonces, cayeron las torres gemelas. La palabra más utilizada en los medios pasó a ser, en cuestión de horas, aquella que quedó desterrada de la psique social desde los años cincuenta por esa maquinaria que se puso al servicio de la felicidad global. Había vuelto el miedo y, con él, su propia narrativa de ficción.

Desde aquel instante, la vida se hizo cada vez más restrictiva. Cada individuo fue convertido en sospechoso habitual, y el histerismo psicopolítico y social ya no era una opción, sino una obligación. Tras la crisis de 2008, la ofensa y la indignación se convirtieron en la anestesia de una sociedad que añoraba las décadas donde el *marketing* capitalista era un dios al que adorar. Ya no había nada en los bolsillos, y tampoco en los bancos, que eran rescatados con el dinero que sostenía ese estado del bien y del estar.

Años después, en cuestión de días, el público vio crecer en la narrativa mediática la idea de una pandemia global seguida de una vacunación masiva a todas las naciones del planeta. En el confinamiento forzoso al que se vio sometida por primera vez en la historia toda la población mundial, indistintamente de la condición social, la nacionalidad, la cultura o la religión, se impregnó en la consciencia universal la vulnerabilidad indisoluble a la existencia humana. La humanidad volvía a enfrentarse a un cisne negro[35] capaz de reconducir el pensamiento colec-

35 Se trata de un suceso inesperado que causa un impacto de grandes dimensiones sociales y económicas. Intenta ser racionalizado a pesar de su difícil predicción. Fue acuñado por el filósofo Nassim Taleb, con el objetivo de explicar, a través del símil sobre la difícil existencia de un cisne negro, cómo determinados acontecimientos, conflictos, crisis y desastres a lo largo de la historia, que no tenían posibilidad de predicción anterior, han cambiado las costumbres de la población, definiendo puntos de giro respecto al devenir de los acontecimientos históricos.

tivo a través de la narrativa del apocalipsis y de la catástrofe. De nuevo, el hombre se veía cara a cara ante lo efímero de la vida, aflorando un miedo colectivo a la fragilidad de su condición, poniendo en cuestión algunos de los comportamientos sociales adquiridos anteriormente.

A la clase media le habían encendido las luces del bar en lo mejor de la fiesta. La narrativa de la felicidad y el consumo se tornaba ahora en una narrativa del miedo y de la incertidumbre.

Pero, al mismo tiempo, las marcas y las multinacionales de la comunicación y de la producción vieron una oportunidad única en aquel momento en el que, además, eclosionaban la proliferación de los canales digitales y su mejora en el rendimiento y capacidad. Necesitaban una jugada maestra para hacer de todo ello una oportunidad para beneficiarse. Las emociones sociales estaban, más que nunca, a flor de piel. Había que aprovecharse de ello y encontrar una nueva fórmula. Vender productos a través de emociones y sensaciones, y hacerlo de una manera jamás utilizada: aniquilar de un plumazo la espera y el esfuerzo. Tener a golpe de botón. Ver y querer. Ver y tener.

Era el momento del *buy now*. Era el momento de la inmediatez narrativa, del consumo urgente y de la necesidad radical.

En ese sentido, el *marketing* de las emociones, apoyado en la narrativa de la nueva ficción digital, ha sabido utilizar la coyuntura social, política e histórica, para sacar el mayor rendimiento consumista de la historia. El miedo, convertido en una emoción de consumo, hace urgente la necesidad de felicidad inmediata. La gratificación debe ser instantánea, casi redentora. El tiempo se percibe fugaz e irreversible. Ya no hay tiempo, y por eso hay que consumir inmediatamente. Y hacerlo de manera compulsiva. Porque, en la era de la netflixización social, consumir es sentirse ilusoriamente vivo.

Es el espejismo de la inmortalidad a través de lo material.

La narrativa del miedo se alía con el relato del consumo para generar estados de ansiedad social que nos enfrentan a la constante posibilidad de desaparecer pronto. Atentados aleatorios, enemigos invisibles, pandemias víricas, cambios climáticos, desastres naturales, conflictos bélicos, crisis energéticas y toda clase de sucesos que nos acercan a la condición inmortal del ser humano son contados desde la narrativa de la ficción, lo que genera el discurso del desastre y, por ende, el de la inquietud existencial.

En el paradigma de la posverdad, pronosticadores del apocalipsis y mesías catódicos nutren ese sensacionalismo acuciante que alimenta los medios de comunicación haciendo que la percepción social sea la de que ya no hay tiempo. Por eso, todo tiene que ser obtenido y experimentado en el aquí y el ahora.

El capitalismo emocional es incapaz de generar una esperanza humanista, y lo suple con la esperanza que emana de la posesión cortoplacista, porque, como explica William Davies[36] en su libro *La industria de la felicidad*, con el paso del tiempo, la búsqueda de la máxima felicidad ha sido colonizada por partidos y corporaciones que intentan manipular a la sociedad en vez de satisfacer sus necesidades.

El «todismo» y el «ahorismo» son plagas que se acomodan en esta filosofía que lo impregna todo. Solo hay que apretar un botón para dejar de esperar. Un botón para gratificarnos a todos. Un botón para obtener, en el mismo instante, sexo, viajes, zapatos, ropa, coches, transportes, comida, ocio, música, juegos. La vida y el éxito, atrapados en los límites de un botón.

En la fugacidad del tiempo, el *buy now* nos ofrece una vía de escape que convierte la vida en una emergencia. Pero, como la vida no puede disfrutarse viajando siempre junto a la salida de emergencia, deberíamos reflexionar sobre la magnificencia de la espera y la gratificación de lo conseguido a través del esfuerzo y el talento.

---

36 Sociólogo y economista, es autor de los ensayos *The Limits of Neoliberalism* (2014) y *La industria de la felicidad* (Malpaso, 2016).

Del mismo modo, la ideologización del contenido consumible se convierte en una forma de adoctrinamiento masivo. Multinacionales y grandes corporaciones del entretenimiento, de la industria de contenidos, del ocio y del *establishment* empresarial utilizan sus productos para generar estados de opinión social, controlando un mensaje subliminal que, a través del consumo de ocio, termina por institucionalizar el pensamiento de la corrección política e imponer ideología a través del producto. Es cada vez más común ver cómo, a través de la narrativa de ficción dramática de productos de entretenimiento, contenidos escenográficos, literarios, audiovisuales, musicales y artísticos, se generan corrientes de opinión masiva que se originan, sustentan y reafirman en las historias dramáticas de los productos que se comercializan.

Esta forma de adoctrinamiento a través del consumo del entretenimiento termina por desbordar la capacidad individual de discernimiento, al utilizarse todas las herramientas del lenguaje ficcional para involucrar al subconsciente en la toma de decisiones o en la visión que el individuo genera con respecto a su entorno y las relaciones sociales. Una cosmovisión de la aldea global, sus comportamientos y su manera de afrontar las decisiones políticas y sociales se comunica a través de los productos de consumo masivo, principalmente, los de la industria del entretenimiento y el ocio masivo.

Todo un debate se ha planteado respecto a estas acciones comunicativas, donde las grandes corporaciones del entretenimiento, posicionadas hacia un determinado discurso ideológico, terminan por conquistar el imaginario colectivo desde la narrativa de ficción dramática. Con un revisionismo dirigido de las historias clásicas, se construyen nuevos mensajes y subtextos que se sustentan en corrientes de pensamientos profundamente sesgados e ideologizados. Del mismo modo, en estas estructuras dramáticas, se generan nuevas relaciones protagonista/antagonista, donde las características de los personajes se acomodan al pensamiento de las llamadas minorías sociales, del lenguaje inclusivo y en los modelos de inclusión y de diversidad racial o de género. Los mensajes se filtran y construyen concienzudamente para que el relato se impregne eficazmente en el espectador y en el consumidor. En definitiva, se utiliza el ocio de masas para enviar mensajes explícitos y subliminales que sirven a determinadas causas, relatos y discursos con los que gobernar e ideologizar de manera rápida y contundente a la población global.

Y es que hemos convertido la productividad en una nueva religión.

Desde que nacemos, todo el entorno que nos rodea está alerta y preparado para adoctrinarnos en la imperiosa necesidad de ser provechosos para el sistema que ha gobernado y gobierna las sociedades occidentales. Este provecho se origina en la acuciante necesidad por entenderse como un ser productivo en la sociedad del hiperconsumo. Serlo es gestionar el tiempo en función del trabajo resultante para, así, priorizar la producción hacia el beneficio industrial por encima del beneficio intelectual y creativo del individuo.

Esto se ha visto reflejado en la economía contemporánea y el discurso que de ella emana, centrando más sus objetivos en los beneficios de las corporaciones que en las necesidades reales de las personas.

En los procesos educativos de cualquier etapa, se enseña a ser productivo a través de la competencia directa, fomentada en una carrera de fondo que solo tocará a su fin con la desaparición del individuo.

En las universidades, se prolonga el fomento de dichas competencias revestidas de la imperiosa necesidad por explotar las supuestas habilidades de cada individuo. Se recrudece el sentimiento de ser productivo pervirtiendo la imagen de un ciudadano exitoso, en función de su capacidad para obtener el mayor rendimiento a sus tareas en el menor tiempo posible. Según

Connie Yowell[37], el nuevo funcionamiento de las escuelas, gracias a la ola de las innovaciones docentes, sufre un paralelismo con el funcionamiento de las fábricas a través de las competencias, por lo que se preparan a ciudadanos obedientes que sepan seguir órdenes a través de la engañosa quimera de la eficiencia y la fidelidad.

La urgencia es un nuevo elemento ligado a la tarea para generar una producción exitosa y global. Si algo no requiere toda la atención, todo el talento y todo el tiempo del trabajador, incluso por encima de sus deseos e incluso de sus necesidades básicas, entonces no es tarea digna del ciudadano productor que tan necesario se muestra desde esta doctrina social. En el mercado laboral, se agudiza hasta límites insospechados la capacidad productiva del individuo por encima de las necesidades que se desprenden de su condición humana. Si no se produce más en menos tiempo, se es sospechoso de ser inútil para la ardua tarea de convertir el esfuerzo en mayor beneficio empresarial. Por ello, la sospecha será rápidamente estudiada para redefinir su aptitud frente al beneficio. El espejismo de libertad se entrelaza con el automatismo, y se camufla en el tiempo de una falsa autonomía basada en el cumplimiento de objetivos que marcan un credo automático de priorización absoluta.

Cuando la productividad es convertida en un nuevo catecismo dogmático, el consumo se convierte en una necesidad y el capital, en una emoción.

El crecimiento se ha convertido en un axioma ideológico que lo inunda todo. Toma forma de credo ferviente para una masa social con cada vez menos capacidad de crítica y de autocrítica.

---

37 Psicóloga graduada por las universidades de Yale y Standford, ha desarrollado parte de su carrera como analista del departamento de educación de los Estados Unidos, siendo reconocida como especialista en los estudios sobre el aprendizaje en el siglo XXI.

Pero ¿qué ocurre con el individuo que, tras un golpe clarividente o en un proceso de revelación, decide salirse del camino definido por la gran maquinaria del consumo total y del adoctrinamiento único?

En ese momento es cuando el *outsider*, el disidente, se convierte en un inesperado error en el sistema. Este debe ser neutralizado con urgencia, ya que se corre el peligro de que, en su huida, encuentre una realidad diferente a la oficialmente autorizada que le otorgue la posibilidad de dudar de lo que hasta ese momento era una verdad irrefutable. Esta moderna servidumbre alrededor del lenguaje del consumo no es más que una esclavitud aceptada y convencida que emana de una sociedad narrativamente amaestrada para acaparar bienes y contenidos, como premio al esfuerzo de esa productividad incesante.

Convertidos en una sociedad que camina, piensa y siente de manera automática, todo aquel que se aparte del comportamiento uniforme será rápidamente categorizado de conspirador. Una especie de proscrito social señalado como sospechoso habitual.

La automatización ha encontrado un gran aliado en la manipulación de las emociones. Y lo ha hecho gracias a asumir el relato de la ficción, como el lenguaje cotidiano e institucional que dirige la comunicación de la comunidad global. Anuncios publicitarios y campañas institucionales con una fuerte carga emotiva e ideológica en el texto y el subtexto utilizan el relato visceral para vender o posicionar su marca y su credo, a través de crear sensaciones en el consumidor. Este nuevo espectador ya no quiere saber las características de un producto o no da valor al rigor de la información. Vivimos en un mundo de fuerte carga sensorial, donde el extremismo emocional y la polarización del relato consumista dan paso al extremismo compulsivo en las acciones y las ideas que rigen la vida de los ciudadanos.

Es un proceso enraizado en la infantilización argumental de la emoción, donde la comunidad fuerza una introspección regresiva a esa etapa de fuerte carga emocional como es la infancia.

Una vez alcanzado ese estado, la masa es infinitamente más vulnerable y susceptible para asumir nuevas necesidades y condicionar sus comportamientos, siendo reprogramados bajo la influencia de la narrativa emocional del consumo.

Además, la narrativa enfocada al consumismo ha terminado implementándose en el nuevo campo de la hiperconectividad digital de una manera tan abrumadoramente eficaz como increíblemente rápida. La población mundial jamás ha gozado de una capacidad de comunicación y de interconexión tan grande gracias a las nuevas tecnologías, mientras que, paradójicamente, jamás ha existido mayor miedo a las relaciones interpersonales a nivel físico e intelectual. Es la paradoja que se genera en la conectividad tecnoficticia.

Las pantallas se convierten, así, en un escudo contextual, un muro separador que asegura una comunicación defensiva y ofensiva al mismo tiempo. El miedo a una relación basada en los códigos de la realidad física y de los compromisos que se derivan de ella es sustituido por una relación de carácter virtual, donde la ficción se recrea en los márgenes de la pantalla y la seguridad se acrecienta al poder desconectar esa dualidad con solo apretar un botón. Por eso, la relación digital se automatiza.

El ser automático es la gran aspiración del movimiento basado en la hiperproductividad, pues de la generación de expectativas y necesidades se genera un comportamiento repetitivo y mecánico, cuyo ritmo es constante y ajeno a la improvisación. El mecanismo automático siempre responde de la misma manera. Es rítmico y cíclico, sin dar posibilidad al cambio o a la disrupción.

Los mercados, los Estados y las grandes corporaciones se inquietan ante la posibilidad del cambio, de los puntos de giro y, sobre todo, de la posibilidad de que se genere un entorno de reflexión, crítica y discernimiento que ilumine la mente del consumidor.

Por ello, cuanto más estimulado está el individuo, gracias a una masiva oferta de contenidos y productos susceptibles de ser consumidos, más ocupado se encontrará, lo que no dejará espacio para hacer una introspección que pueda, de alguna manera, romper la tendencia al consumo masivo. Un consumidor ocupado, gracias a una oferta abrumadora y a una narrativa agresiva, es un consumidor al que se le estrangula y se le impide la posibilidad de dudar sobre su propio comportamiento.

La posibilidad de crear un espacio que propicie la reflexión, la meditación y el análisis sobre este comportamiento autómata se convierte en el mayor enemigo del nuevo modelo de conectividad consumista. Esta conexión viene dada por la necesidad de la marca en cuestión, para crear un vínculo sagrado con el consumidor. Este modelo, bautizado como cultura corporativa[38], tiene como objetivo identificar al individuo con la marca para convertirlo, a través de un discurso motivacional, en un nuevo rol: el de cliente.

No es que este concepto sea negativo en sí mismo en absoluto, pues la comunidad se forja gracias a un objetivo común. El problema se origina cuando ese discurso se fragua desde un sentido hipnótico, cuyo único propósito es el de crear un modelo zombificado donde el individuo, una vez convertido en cliente, se transfigure en una unidad automática y teledirigida para rendirse a un consumo irracional e irrefrenable. De esta manera, incluso puede ponerse en riesgo la economía doméstica y esencial de las personas, ya que, de manera inconsciente, pueden adentrarse en un estado de adicción consumista. El relato narrativo se hace de nuevo imprescindible para la creación de un vínculo emocional entre partes.

---

38 Conjunto de creencias, valores, costumbres y prácticas de un grupo de personas que forman una organización. Transmiten a los empleados un sentimiento de identidad que facilita la cohesión entre todos los miembros de la compañía.

Así, el discurso empresarial se hace cada vez más direccional a través de eufemismos prefabricados que pretenden esconder, tras el lenguaje y la terminología mágica, sus verdaderas intenciones: las de generar un espacio de sobreexplotación y de control sobre las personas.

El discurso narrativo vuelve a presentarse como el motor necesario para la creación de una sociedad cuyos ciudadanos, colectivos, asociaciones, contribuyentes e incluso Estados terminen al servicio de los intereses corporativos de las empresas de producción de una élite cada vez más poderosa.

Este relato, construido con los mecanismos propios de la narrativa de la ficción, de la política mágica, de las emociones, del miedo y del espectáculo, se convierte en una nueva herramienta de modificación del comportamiento tanto de la mano de obra como del consumidor, al servicio de las marcas, las empresas y sus intereses económicos. Da igual si se trata de una gran corporación de productos mecánicos, alimenticios, educativos, tecnológicos o inmobiliarios. El relato funciona bajo las mismas premisas y con las mismas pautas. Gracias a ello, se han creado una serie de empresas, profesionales, cargos y expertos que trabajan bajo un protocolo de narrativa psicológica y semificticia, al servicio de una serie de directrices encaminadas a la lobotomización del espectador para desarrollar un sutil pero contundente estado de identificación con las marcas. Una vez conseguida esa identificación, el proceso se completa con la fidelización, el aumento de la productividad y, por consiguiente, el beneficio industrial.

Pero, cuando este proceso fracasa por determinadas circunstancias, se genera un estado de disrupción que es inasumible para la marca corporativa. Si este fracaso viene dado por un individuo que pone en duda el proceso, se convierte de manera urgente en un elemento cancerígeno que debe ser suprimido antes de que su duda se convierta en una metástasis para el sistema y pueda provocar un contagio masivo. Esto podría dar lugar a una revolución reflexiva de la sociedad, algo verdaderamente problemático para el discurso consumista.

La disconformidad individual es fácilmente corregida para el sistema impositivo. Es decir, cuanto más pequeño sea, y más rápido se detecte un núcleo cuestionador, más rápida y eficaz será su amputación. Cortar la expansión de ideas que pongan en cuestión el proceso, es un ejercicio indispensable para la supervivencia del discurso de la cultura corporativa y el consumo indiscriminado de recursos y productos.

Las crisis económicas provocadas por acontecimientos naturales, conflictos bélicos, crisis económicas y sanitarias o cambios bruscos en las estructuras de los Gobiernos y los Estados son el mayor caldo de cultivo para que se propague el cuestionamiento social, por lo que es imprescindible para el sistema prolongar, el mayor tiempo posible, un ámbito de estabilidad socioeconómica para asentar el discurso de la sumisión social. Esto no significa que al sistema económico y de consumo no le interesen cambios específicos en el ámbito social, pero esos cambios deben ser fabricados y construidos con un relato predeterminado para, de una manera gradual y controlada, ser introducidos en las costumbres y los hábitos colectivos, individuales, educacionales y culturales de la población global. A medida que estas alteraciones en los hábitos de las sociedades universales se van asentando, se testea su capacidad para generar nuevas formas de penetrar en el pensamiento colectivo, y se transforma el comportamiento de las personas y las comunidades que las forman a través de un cambio en los modelos de productividad y de consumo universal.

La creación de nuevas necesidades materiales e inmateriales genera un estado de ansiedad originado en el pánico del individuo a la desconexión grupal. Como seres sociales, pertenecientes a una comunidad global e hiperconectada tecnológicamente, uno de los grandes temores es, precisamente, el de encontrarse en un estado de desconexión que lleve a una sensación de aislamiento.

La sensación de estar actualizado permanentemente forma parte inherente de sentirse parte del relato, pues el miedo a desaparecer tecnológicamente esconde, en realidad, el pánico a ser condenados al ostracismo digital y social. Es decir, a una simbólica muerte social.

En el universo de la sociedad Lumière, estar conectado es estar escaparatizado. Es existir y, por tanto, estar vivo. Una forma de desafiar a la mortalidad intrínseca de la especie. Una manera de despreciar y esconder la fragilidad y la vulnerabilidad de nuestra propia existencia. Conectarse al enorme entramado digital en que hemos convertido nuestra sociedad nos hace formar parte de la ficción narrativa en la que se ha transformado la existencia cotidiana de las nuevas generaciones. Es una nueva forma de entender el entorno y de crear una realidad ficticia y paralela que desprecia la incertidumbre que emana de la verdad de la vida y sus ciclos vitales. Queremos conectarnos para sentir que estamos presentes. Queremos ser parte de esta narrativa y de esta historia. Buscamos protagonizarnos en una nueva existencia virtual.

Si convertimos la existencia en una competición donde el hedonismo, la pertenencia, la acumulación y la seguridad permanente forjen nuestro bienestar físico y psicológico, crearemos una vida ficticia, envuelta cada vez más en la necesidad de una narrativa imaginaria, cuyo mundo se encierra en un decorado, construido a imagen y semejanza de nuestros miedos, complejos e inquietudes.

Dentro de las estructuras de la narrativa clásica propias de la ficción dramática, encontramos una serie de conceptos técnicos que, eficazmente resueltos, son sensacionales para el éxito del relato que predispone al consumo representativo de las nuevas sociedades automáticas.

Sin conflicto, no hay historia. Sin historia, no hay producto. Sin producto, no hay cliente. Este dogma podemos extrapolarlo a la narrativa del *neomarketing* y los medios, que asumen la ecuación de manera evidente para entender y asumir un nuevo modelo de negocio basado en la captación gracias a la implementación de elementos característicos de la narrativa de ficción.

Este proceso de hipnosis colectiva, que emana de nuestras pantallas a través del contenido digital, no puede funcionar sin haber puesto antes una serie de requisitos en el grupo social del que forma parte el receptor.

La sociedad debe ser entrenada en una serie de parámetros institucionalizados por Estados y mercados para que el ciudadano tenga necesidad y receptibilidad hacia todo el exceso de contenido con el que va a ser inundado. La oferta es feroz. Las posibilidades de elección en el consumo contemporáneo son imposibles de cuantificar y, por tanto, la competencia entre los proveedores de contenidos es cada vez más cruenta, salvaje y voraz, lo que va en detrimento de una ética de mercado que asuma un crecimiento sostenible, humanista y ponderado.

En términos de beneficio económico, la felicidad social a través de la acumulación innecesaria de bienes es un éxito comercial. En términos de humanismo, es una aberración individual, pues la dicotomía entre lo que se es y lo que se tiene queda reflejada en una balanza absolutamente desequilibrada a favor del tener por encima del ser. Quizás sea porque las civilizaciones occidentales capitalistas, basadas en estructuras de productividad, nos llevan a valorar al individuo según su capacidad para generar y por su capacidad acumulativa de necesidades materiales.

Pero, para satisfacer esta escalada de necesidad compulsiva, se necesita, al mismo tiempo, la capacidad de proveer de información al espectador. Para querer algo, hay que conocerlo, saber de su existencia y, además, asumir que, con ello, el estado de felicidad aumentará gracias a su uso y posesión. Toda esta estrategia de la necesidad, a través del conocimiento del producto y su rápida disponibilidad, es una labor absolutamente deliberada que tiene en la narrativa del consumo su campo de elaboración. En ese sentido, la feroz competencia entre marcas, mercados y productos hace que la narrativa publicitaria sea cada vez más agresiva, directa y ensordecedora, lo que genera un estado de sobreexcitación permanente en un consumidor que, empujado a adquirir, se confunde debido a la sobreinformación sobre la infinidad de producto disponible.

Uno de los paradigmas de este problema se presenta en el dilema que atenaza al espectador cuando llega la hora de elegir qué producto audiovisual consumir en las plataformas de contenidos digitales. Paradójicamente, muchos usuarios, abrumados por la cantidad de posibilidades donde elegir, y la diversidad de los contenidos, perdían más tiempo en decidir qué escoger que en el mismo hecho de consumirlo. Del mismo modo, se comprobó que el mero hecho de tener que elegir entre tanta oferta estresaba la capacidad de elección del espectador, que, en muchos casos, terminaba por desistir en la elección de producto alguno. Esta situación causa un estado de frustración y ansiedad sin precedentes propio de la nueva era de la escaparatización y la netflixización social.

El mayor enemigo de las plataformas de contenidos audiovisuales ya no era el tiempo del espectador, sino la indecisión del cliente por saturación de contenidos y la diversidad del producto[39].

Se puede llegar a producir una situación paradójica cuando el exceso de producción y disponibilidad se enfrenta con la capacidad de elección en el propio consumidor. Elegir algo conlleva necesariamente el descarte de todo lo demás, por tanto, una oferta sobredimensionada puede ejercer una disrupción en el proceso de consumo por ansiedad ante la posibilidad de error en la elección.

---

39 Según un informe de la consultora Nielsen publicado el febrero de 2020, se alcanzó la vertiginosa cifra de 646.152 programas diferentes en diciembre de 2019, teniendo en cuenta todos los servicios de vídeo bajo demanda y los canales tradicionales solo en los Estados Unidos. Según el estudio, un adulto puede acumular hasta cuarenta y cinco horas al año solo decidiendo qué producto ver en plataformas de contenidos audiovisuales.

Curiosamente, podríamos encontrarnos con menos satisfacción en el proceso de elección cuanta más alternativa hay disponible. Esto crea un bucle de acción en el cual el consumidor necesita constantemente cambiar de producto gracias a la sobreexcitación que genera la brutal necesidad de encontrar algo mejor que lo escogido anteriormente. Una vez que el ciudadano se encuentra en esa lavadora psicopática, forma parte de una tendencia compulsiva por adquirir, con la excusa de encontrar, en algún momento, el producto que alivie su necesidad vital por un periodo de tiempo definido.

En definitiva, podemos plantear un dilema esencial que plantea un debate existencial, y es que, posiblemente, tener más opciones no es en realidad tener más libertad de elección, sino más bien al contrario.

Ante este tipo de situaciones, la maquinaria del discurso consumista no puede quedarse de brazos cruzados. De ese modo, empezará a buscar las soluciones narrativas al dilema que se plantea. Aquí, nos encontramos con el concepto bautizado como experiencia personalizada, donde, a través del conocimiento y rastreo digital de nuestras acciones anteriores, se traza una historia que decodifica nuestros posibles gustos, rutinas, costumbres y apetencias. Un escaparate personalizado, con todos nuestros anhelos disponibles a un golpe de botón, hace que el deseo quede satisfecho en el instante gracias a la combinación de datos generados por algoritmos aritméticos de descodifican y ordenan nuestros comportamientos anteriores para solucionar ecuaciones con las que eliminar el tedio proceso de elegir[40].

Gracias a esta serie de variables, se organiza un proceso de acción automático por el cual se crea un producto, se publicita y se le comunica con una narrativa específica, personalizada

40 Sistema que ha dado muy buenos resultados, pues, según la propia compañía, el 80 % de las horas de vídeo reproducidas en Netflix son fruto de sus recomendaciones algorítmicas.

y estudiada, que genera en el individuo una carencia que conlleva a sí mismo la necesidad de posesión a través de la seducción escenográfica.

Una vez generado este espacio, se dota al posible consumidor de un canal para la adquisición a través de una interacción fácil, instantánea, cómoda e intuitiva.

Si bien antes, desde que se generaba la necesidad de un producto hasta que se adquiría, podían pasar diferentes fases que alargaban el proceso, ahora, el proceso puede durar minutos e incluso segundos.

¿Puede haber un proceso menos humanista que reducir nuestras conquistas a un solo botón, donde lo deseado se convierta en un proceso automático que, al instante, es satisfecho, pero caduca fugazmente por la abrumadora necesidad de repetir el proceso de manera compulsiva?

El estado del bienestar se ha confundido y mimetizado con un banquete de abundancia, donde los bienes ya no son esenciales, sino que han llegado a la categoría de sobrantes por la cantidad de posibilidad en su disposición. Morir de abundancia es el paradigma escenográfico de las sociedades capitalistas del Occidente contemporáneo.

Como ejemplo simbólico, mientras en el primer mundo existe todo un negocio de dietas, métodos, fármacos y terapias para dejar de comer por cuestiones meramente estéticas, en muchas partes del planeta, la única necesidad básica que cubrir en el día a día es el sustento alimenticio como único objetivo de supervivencia vital.

Es por eso por lo que, mientras en una parte del mundo se vomita el exceso, en otras muchas, no hay tiempo para la anorexia.

La gratificación instantánea, presentada como uno de los grandes logros de la sociedad digital, es, en realidad, el origen de muchos de los problemas que colapsan a la población global, lo que crea estados de control masivo, sumisión institucional y ansiedad generalizada, y subyuga, tanto al individuo como a la población, a un discurso ideológicamente adoctrinador, predisponiendo al empobrecimiento por culpa de un consumismo desaforado, irresponsable e innecesario.

¿Qué papel juega el despertar a una conciencia crítica universal, ante un mundo hiperconectado y superdesarrollado tecnológicamente, donde la narrativa emocional quiere tomar el control de la humanidad gracias a un relato prefabricado de tinte ficcional?

¿Qué herramientas tiene el ser para enfrentarse a la narrativa del miedo? Y, sobre todo, ¿existe la posibilidad de sobrevivir y evolucionar en una sociedad saturada de posibilidades de consumo además de vivir hiperconectada entre sí?

La evolución como especie no puede perdurar si la basamos en el beneficio progresivo y agresivo del beneficio industrial, cuya fuente de alimentación se encuentra en la doctrina del hedonismo y el consumo irracional.

Ante esta preficción que oficializa una realidad hipertecnologizada, artificial y desprovista del humanismo natural que pueda construir un sistema de valores realmente global y necesario para una plenitud emocional e intercultural, existe otra posibilidad.

Y esa es una gran noticia.

Podemos y debemos confluir en un verdadero equilibrio necesario de progreso sostenido entre el proceso de digitalización global, el de la construcción narrativa de relación interpersonal y la dualidad que se desprende entre el ser y el tener. En la trágica relación del ser humano con las crisis personales y globales, está el sentido de la oportunidad que hace avanzar a la historia. Los grandes procesos de creación y producción estallan ante la necesidad de supervivencia. La revelación nace cuando el individuo despierta a la más profunda consciencia del ser una vez desprendido de su ego y de sus posesiones pasajeras. Todo esto es lo que hace resplandecer a la humanidad. En tiempos de abundancia, toda intención es buena, pero es en la adversidad donde surge y se muestra la gran capacidad de la grandeza humana.

Gracias a un despertar consciente, el uso de la inteligencia emocional y la búsqueda del rigor informativo, que nos ayude a analizar correctamente el lenguaje de la ficción narrativa, podremos discernir entre la dualidad de lo real y lo ficticio, de la verdad y de la mentira. Será así como verdaderamente podremos acercarnos a un consumo responsable y provechoso para la coexistencia entre nosotros mismos y todo nuestro entorno social y natural.

El relato del consumo instantáneo se extiende como una mancha de aceite por todas las sociedades urbanas y las nuevas generaciones digitales. Se muestra implacable ante la osadía de enfrentarlo, pero no parece infalible ante quienes pretenden abrirse al conocimiento de su verdadero funcionamiento. Porque conocerlo es dominarlo.

Así es como funcionan los mecanismos de la narrativa de ficción para fabricar los discursos consumistas y automáticos que fanatizan, polarizan e hipnotizan a la población.

Así se fabrican los discursos con los que nos quieren convencer de que consumir de manera instantánea y automática es un derecho imprescindible en una sociedad netflixizada e hiperproductiva.

Bienvenidos a la era de la narrativa automática del consumo y la productividad.

Donde, casi siempre, gana quien cuenta la mejor historia.

Capítulo 8

LA NARRATIVA DE LA ESPERANZA: LA CONTRANARRATIVA Y EL DISCURSO DE LA RAZÓN

«El mayor placer de una persona inteligente es aparentar ser idiota delante de un idiota que aparenta ser inteligente».
Louis Pasteur

Mientras los pilares de la cultura occidental se desangren a través de relatos que reivindican la destrucción de su propio sistema de valores. Mientras sus ismos se conviertan en credos excluyentes al servicio de los intereses fanatizados de las ideologías de la polarización. Mientras el patriotismo se inflame hasta desarrollar un nacionalismo segregacionista y manipulador, al tiempo que los discursos hegemónicos, totalitarios y adoctrinadores devasten la riqueza que desprende la verdadera pluralidad de las sociedades dispuestas al conocimiento de la verdad, entonces, habrá que seguir escribiendo los versos de la batalla cultural.

A pesar de nuestros recursos tecnológicos, educativos, energéticos, económicos, sanitarios y comunicativos, los cuales han alcanzado las cotas más altas jamás conocidas en la historia de la humanidad, cada día, miles de personas siguen muriendo de desnutrición mientras las estanterías de los supermercados occidentales rebosan de alimentos a punto de caducar. Mientras generaciones enteras buscan referentes fugaces ante la ausencia de un conocimiento capaz de hacer madurar la consciencia individual y colectiva, toda la arquitectura levantada por las generaciones del mérito y el esfuerzo se derrumba bajo nuestros pies, al son de las trompetas de un fanatismo revolucionario cuya melodía se construye con la ira y la indignación de quienes se sienten, constantemente, en el lado injusto de la historia. Nos preceden generaciones que curtieron la piel con cicatrices y se educaron con un fuerte umbral al dolor.

Somos los últimos beneficiarios del desembarco de Normandía. De millones de cementerios de cruces silenciosas que dieron su futuro para que ahora nosotros podamos disfrutar de nuestro presente. Y debemos ser profundamente conscientes de este beneficio adquirido.

La narrativa de la ficción fuera del campo dramático del entretenimiento tiene un contrarrelato que debe sustentarse desde el rigor del conocimiento, la búsqueda de la verdad y el respeto por el argumento razonado. Parte del relato actual busca convertirse en exordio y peroración en detrimento del análisis crítico, mientras que el colectivismo identitario busca colonizar el éxito profesional prescindiendo del talento. En la sociedad de la apariencia, es necesario un contrarrelato eficaz y constructivo que pueda definir de manera coherente los problemas que se originan en un sistema que ha dejado de creer en las personas, para subyugarlas al poder de unas instituciones cada vez más ideologizadas. La polarización del discurso político y asociativo nos convierte, gradualmente, en una sociedad vigilada y vigilante que busca, en lo imaginario, un orgasmo perverso. No podemos cubrir de púlpitos y cadalsos nuestra cultura ni disfrazarnos en una nueva moralidad inquisidora que siempre aplicamos a lo ajeno.

Las democracias occidentales, origen de las civilizaciones que, a pesar de sus debilidades e imperfecciones, han acercado al individuo a sus más altas cotas de libertades adquiridas, deben ser protegidas de todo discurso fanático y polarizador.

Envueltos en una suerte de poética ficticia, construida en la terminología mágica del bien común, estos discursos buscan, en realidad, destruir la esencia de los valores fundamentales para, una vez fracasados, instaurar autocracias que empobrecen al individuo para subyugarlo ante un Estado aglutinador, elitista e ideológicamente adoctrinador.

Nuestras democracias se amenazan cuando, envolviéndose en ellas, se pervierten las leyes y las instituciones con el fin de someter intelectualmente a sus ciudadanos y hacerlos vulnerables al relato de la autovictimización. Desde esa narrativa de ficción política, se utiliza la legitimidad de las urnas para retorcer los poderes públicos y civiles con el único objetivo de imponer una ideología omnipresente envuelta en una capa de moral incuestionable. Las instituciones y los Estados fracasan cuando las decisiones de quienes deben protegerlas y garantizarlas se convierten en la expresión tendenciosa de una autoridad asfixiante, enfervorecida y esclava de sus intereses elitistas, escondidos en un relato de corte social, sensacionalista y tendencioso.

Es entonces cuando las democracias, por mucho que las atornillemos en épicos discursos de ficción narrativa, terminarán cayendo, y lo harán, debido a sobrecargar sobre sus hombros demasiadas intenciones por reformarlas y deformarlas.

Una sociedad convencida de estar siempre en el lado injusto de la vida, cuyos complejos se convierten en derechos adquiridos gracias al relato subjetivo de las emociones, será incapaz de asumir sus propios retos y sus propias decisiones. Utilizar la vida como un drama del que anhelamos ser víctimas es una trampa para colectivizar el dolor y conseguir un efímero éxito construido en la ofensa, la tragedia y la autocomplacencia. No podemos acostumbrarnos a vivir de la ficción propia, donde se construyen universos paralelos e imaginarios para convertimos en protagonistas perfectos de historias perfectas.

La contranarrativa es aquella que se enfrenta, desde el rigor científico, el argumento razonado y el análisis crítico, a todo relato adoctrinador que, utilizando las técnicas de la narrativa de la ficción emocional, pretende someter a la población para institucionalizar un credo ideológico mientras se recortan libertades fundamentales que argumentan su discurso en un supuesto bien común. Todo ello, para favorecer a una élite política, institucional y empresarial que, en realidad, pretende subyugar al individuo empobreciendo sus posibilidades económicas e intelectuales para someterlo a una dependencia total del Estado.

Sus acciones se desarrollan desde un intervencionismo asfixiante que, mimetizándose en un discurso de terminología buenista, termina monitorizando la vida de los ciudadanos para aplicar un intrusismo restrictivo, aleccionador e ideológico, en todas las capas de las estructuras sociales, legislativas, institucionales y mediáticas.

El contrarrelato es la narrativa de la esperanza. Una narrativa que, discerniendo correctamente entre los conceptos ficción y realidad, intenta iluminar el discurso para liberar, complementar y engrandecer al individuo y a toda la sociedad. Es capaz de formar a la persona en la toma de decisiones sin un sesgo partidista y sectario que destruye la capacidad individual de elección.

La narrativa de la esperanza es un muro de contención frente a un activismo destructivo y fanático que enfervorece a las masas a través de una agitación emocional. Un relato hegemónico y autoritario que se practica desde un lenguaje agresivo, para enfrentar y construir una dualidad entre nosotros (lo correcto) y los otros (lo incorrecto). Que pretende adueñarse del espacio ético desde una nueva moralidad totalitaria, inquisitorial y difamadora, señalando y condenando a quien pretenda enfrentarse al rodillo del pensamiento único.

La narrativa de la esperanza es la trinchera que ennoblece el acto de enfrentarse a la cultura *woke*, a la cancelación, a la polarización y al fanatismo que desprende todo discurso interesado en apartar la razón del pensamiento colectivo, para entronizar las emociones hasta convertirlas en verdades irrefutables con rango de derechos adquiridos.

Es la narrativa que salvará a Occidente de una lenta decadencia cuyas heridas supuran desde hace tiempo a través de discursos empeñados en destruir sus valores y su esencia fundamental. Desde América hasta Europa, se impone una nueva cultura ideológica que, incapaz de poder vender éxito alguno debido al peso objetivo de la historia, no puede más que agarrarse a un discurso narrativo que, a modo de drama escenográfico, cautiva y adoctrina a través de un lenguaje recubierto de una falsa capa de chocolate evolucionista. Y lo lleva a cabo gracias a la más eficaz herramienta de control de masas: la agitación social a través del relato emocional.

Pero esta corriente no puede imponerse a la contranarrativa por mucho que se utilicen las estructuras más modernas de comunicación tecnológica. Aunque derribáramos todas las estatuas a Isaac Newton, aunque quemáramos todas las academias y facultades de física o aunque decretáramos leyes en contra de la ley de la gravedad, jamás conseguiríamos que la manzana dejara de caer del árbol. El contexto no es un elemento subjetivo que todo lo pueda relativizar, como las emociones no pueden sostener todo un sistema de valores construido fuera de la lógica de la inteligencia del ser humano. La moral no puede ser impuesta a través de una crisálida ideológica para imponer una forma de entender la vida sin tener en cuenta la pluralidad de la visión humanística de la vida.

La ética y lo empírico no pueden doblarse a la interpretación arbitraria de perspectivas subjetivas ni el mérito debe forjarse únicamente desde la pertenencia arbitraria del individuo y su contexto. Los códigos de identificación tribal, que se argumentan desde las perspectivas de género, raciales, sociales, étnicas, religiosas o sexuales, no pueden determinar las decisiones fundamentales en las instituciones, que están llamadas a fomentar el esfuerzo y la equidad y el compromiso de generaciones enteras con los valores que forjan a una sociedad para un progreso coherente, real y universal.

La arquitectura social fabricada en el «posmodernismo digital»[41] fundamenta sus acciones en la destrucción sistémica de la realidad histórica y científica que surge de la razón, al considerarlos herramientas al servicio de la dominación. Partiendo de esta premisa, se cede el protagonismo escenográfico de la narrativa social, institucional, mediática y empresarial a los colectivos que se perciben en el lado injusto de la historia, posicionándose dentro del relato como víctimas de una opresión histórica. Este discurso se fabrica en un espacio de retórica ofensiva que se justifica en la terminología de la justicia social, concepto ilusorio y poético que simboliza una narrativa líquida y etérea, incapaz de concretarse en realidades objetivas para fomentar estructuras sólidas de equidad y progreso.

Su arma es nuevo lenguaje que se amolda a la ideología para imponerse en el imaginario colectivo con una retórica agresiva que busca polarizar el escenario repartiendo el rol de héroes y villanos en función de interés maniqueo y sectario. Todo se enfoca en destruir lo que tanto se tardó en construir, etiquetando lo tradicional en algo reaccionario que impide el funcionamiento progresivo de la sociedad. De esa manera, la familia tradicional, las costumbres tradicionales, las ideas tradicionales, la educación tradicional, las religiones tradicionales y todo marco de pensamiento y conducta delimitado en este concepto son automáticamente condenados y rechazados por un marco imaginario que los señala como involucionistas y enemigos de un progreso envuelto en la narrativa de la ficción. Todo ese universo termina

41 Corriente de finales del siglo xx donde se fundamenta el rechazo a la razón para empoderar la sensación sobre la verdad, que queda reducida a una cuestión de perspectiva supeditada al contexto personal. Para el posmodernismo, el lenguaje construye la realidad de los hechos a través de percepción subjetiva de los mismos por parte del individuo, que los reinterpreta en función de sus emociones y el contexto del que forman parte.

convertido en cavernario, obsoleto o incluso ofensivo para una corriente, instalada en una parte de los Gobiernos, las universidades, los medios de comunicación, las empresas, los colectivos y las organizaciones e instituciones, que está dispuesta a imponer una nueva forma de entender la vida, enfrentándose a la realidad, deformándola e incluso destruyéndola con una nueva narrativa si fuera necesario.

La lucha entre la retórica de la posmodernidad y el cotrarrelato de la esperanza narrativa simboliza el clímax de la batalla cultural contemporánea en las civilizaciones occidentales contemporáneas. El relativismo cultural en el espectro de las ideas sociales encuentra fuerte resistencia por una parte de la población que aún concibe el análisis crítico como el camino irreductible para encontrar una verdad objetiva y demostrable empíricamente. No todo vale a la hora de imponer y defender las ideas y nuestra manera de concebir el mundo y su contexto. No todo vale a la hora de interpretar los hechos. No todo vale a la hora de narrar los acontecimientos históricos ni de concebir un código deontológico para definir las relaciones sociales y profesionales.

No todo vale para contar los acontecimientos sesgando una realidad en favor de nuestros intereses personales. Porque no hay nada peor que una sociedad que acaba ahogada en su propio vómito ideológico. Nada como ver a la civilización occidental desprovista de sus referentes fundamentales, renegando de la riqueza de su historia y abrazada a un histerismo emocional propio de un relato decadente, acomplejado y revisionista.

La obsesión colectivista de una sociedad aterida de miedo, que entra en pánico cuando debe enfrentarse a su propia mortalidad, adentrándose en la inquietante aventura que significa seguir vivo, no puede imponerse a la capacidad del ser humano por madurar en sus propios errores, en sus experiencias y sus reivindicaciones.

Todo un modelo de paz, convivencia y bienestar que quiere ser destruido por las generaciones que de él más se han beneficiado.

Una construcción narrativa que se ve parasitada por un relato culpabilizador y acomplejado, donde lo biológico oprime, lo normativo ofende y la lógica destruye.

Todo es susceptible de ser sancionado si se impone la teoría de la verificación de las emociones. La victimización automática se forja en la falta de capacidad crítica y autocrítica, que ve en cada argumento racional una herramienta opresora. Por eso, cuando la verdadera condición natural que establece nuestra identidad se convierte en una excusa para victimizarnos y colocarnos así en el lado correcto de la historia, todo argumento intelectual queda tipificado como prescindible, ofensivo y opresor.

En sus *Teorías cínicas*, Helen Pluckrose y James Lindsay estudian el fenómeno de los postulados que, en el contexto educativo y social, han intentado imponerse a la lógica occidental, para destruir, desde el lenguaje del activismo radical, las democracias liberales occidentales y la libertad de pensamiento universal.

En ese sentido, un pánico se extiende entre instituciones, poblaciones enteras, Gobiernos y colectivos en general. El pánico a ser señalados como incorrectos si no se arrodillan y muestran sumisión ante el discurso omnipotente del relato impositivo. El miedo recorre el corazón de una sociedad sometida por el discurso de la corrección política. Asumir la revolución cultural y social que implica el compromiso con la verdad y el rigor desde el contrarrelato supone asumir el riesgo de ejercer la libertad real de aplicar nuestra narrativa, frente a una feroz ficción ideológica. Es entrar en un partido donde aún hay tiempo extra para dar la vuelta al marcador. Es plantarle cara a la tiranía de las emociones identitarias y a la doctrina de un catecismo que politiza la vida pública y privada, aplicando sus dogmas de manera partidista y discriminatoria.

El poder de un discurso es intrínseco a la capacidad emotiva del ser humano. Ya Roland Barthes, en su libro *Introducción al análisis estructural del relato*, desvela las virtudes de este para moldear la humanidad y el proceso cultural desde la narración de los hechos que dan forma a la historia. Un proceso cíclico que evidencia cómo el poder de la narrativa parte de la imposibilidad de disgregar a la civilización de su propia épica.

No hay historia sin cuento. No hay épica sin palabra. No hay civilización que no quiera y deba ser contada para inmortalizarse en el tiempo.

No hay vida si no hay historia.

Hoy, el poder de la comunicación, gracias al imparable despertar de las nuevas tecnologías digitales, convierte el arte de contar historias en una maquinaria abrumadoramente eficaz que potencia y mejora las estrategias de persuasión propias del discurso de la propaganda.

Para ello, se unifican las estructuras de la narrativa de ficción, de la oratoria moderna, de la retórica y del nuevo lenguaje de la persuasión cognitiva, para amplificar su poder a través de los canales tecnológicos de comunicación masiva y, mediante una gran carga emocional e ideológica, posicionar discursos personalizados de fuerte contenido visceral.

En la época de la netflixización social, la narrativa del espectáculo en los medios, la narrativa de la ficción política, la narrativa apocalíptica del miedo, la narrativa de la cancelación y victimización, la narrativa emocional de la terminología del bien común, la narrativa del consumo automático e instantáneo y la narrativa de la esperanza en el contrarrelato forman un escenario apasionante donde se libran las verdaderas batallas que luchan por imponer los nuevos modelos de construcción social para las próximas décadas y durante las próximas generaciones.

Es la arena donde se juega el partido que hará moverse al mundo en una dirección determinada.

En esa crisis identitaria de la civilización occidental, es donde se ponen en juego los valores que han forjado una evolución consciente de su sociedad del bienestar.

A pesar de los errores cometidos. A pesar de las imperfecciones de sus sistemas democráticos, legislativos, ejecutivos y judiciales. A pesar de la difícil gestión que suponen sus enormes recursos económicos, intelectuales y materiales, y a pesar de todo el camino que les quedan por recorrer a las generaciones venideras, la civilización occidental, hoy amenazada por las ideologías que pretenden destruirla, se ha elevado hasta las más altas cotas de paz, igualdad, prosperidad, libertad y bienestar, jamás conocidas en la historia total del mundo universal.

Es la aspiración soñada por dos tercios de la humanidad. Sus valores, su crisálida de culturas, conocimientos y diversidad son, a pesar de sus imperfecciones, un inmenso regalo de las generaciones que nos precedieron, y un préstamo de las que nos sucederán.

Gozar de su derecho es un privilegio del que hacernos dignos. Cuidarlo y defenderlo es una obligación donde la narrativa y el lenguaje forman parte indivisible de la riqueza y la fortaleza desde la que se han forjado los valores de su identidad.

Por, y a pesar de todo, una corriente llena de valor, eclosiona desde el mismo corazón de la sociedad occidental para pedir la palabra y levantar la bandera de una contranarrativa llena de esperanza. Son cada vez más los autores, filósofos, periodistas, escritores, artistas, políticos empresarios y representantes del mundo cultural, institucional y social los que rompen el muro del silencio y dejan escapar el miedo que los paraliza, para defender y poner en valor el argumentario de la razón.

Conscientes de la importancia de la narración y del relato en todas las civilizaciones universales a lo largo de los siglos, el nuevo discurso acepta la participación de las emociones, sin despreciar el análisis crítico y la función divulgativa del mismo.

Todo es un relato. Todo ha sido convertido en una historia.

Todo es una ficción en esta sociedad escaparatizada y escenográfica, presa de un hedonismo visual y narrativo que ha asumido el lenguaje de la ficción dramática como el lenguaje propio de la vida cotidiana en el entorno social, institucional, político, empresarial y mediático. Aún suenan los tambores lejanos que anuncian la llegada del contrarrelato. De esa esperanza narrativa que nos recuerda que las grandes historias solo les ocurren a aquellos que son capaces de contarlas.

Bienvenidos a la era de la netflixización social.

Al momento donde la fuerza del relato consigue aglutinar los discursos ideológicos con los que nos quieren gobernar.

Donde, a pesar de todo, no siempre gana quien cuenta la mejor historia.

Porque, por encima del relato más emocionante o del discurso más beligerante, hay una realidad incorruptible que se extiende a lo largo del tiempo:

Contar una historia es algo necesario.
Contar una buena historia es algo extraordinario.
Pero contar la verdad es algo imprescindible.